语感中文
Newabc Chinese

外国人学□□□□天

Succeed in Learning Chinese in 30 Days

原著：王薇茜
译制：欧美联合留学生创业园

Sinolingua
华语教学出版社

First Edition 2012
Third Printing 2019

ISBN 978-7-80200-837-3
Copyright 2012 by Sinolingua Co., Ltd
Published by Sinolingua Co., Ltd
24 Baiwanzhuang Street, Beijing 100037, China
Tel: (86) 10-68320585 68997826
Fax: (86) 10-68997826 68326333
http://www.sinolingua.com.cn
E-mail: hyjx@sinolingua.com.cn
Facebook: www.facebook.com/sinolingua
Printed by Beijing Xicheng Printing Co., Ltd

Printed in the People's Republic of China

我的成功宣言：

让我们跟随"依子芳香小姐"一起走进《语感中文》的世界！中文学习其实很简单，只要会说母语，你就能够学好中文，没问题，你一定行！《语感中文》，我最佳的中文启蒙学习伙伴！让我们一起开始吧！

My Statement of Success:

Let's follow Miss Aroma Yizi to the world of *Newabc Chinese*. Learning Chinese is actually easy, as long as you can speak your native language, then you can master Chinese. No doubt, you can do it! *Newabc Chinese* has been my best partner in learning Chinese. Let's start this journey together!

» 前言

《语感中文》让语言环境无处不在！

依子芳香小姐寄语：

　　《语感中文》为您创造一个学习汉语的语言环境。婴儿出生后原本不会讲话，生在英语家庭就会说英语，生在汉语家庭就会说汉语，语言环境造就语言学习。

　　《语感中文》运用儿童学习母语的方式培养语感，帮您迅速进入语言学习环境。儿童学习母语都是以自我为主题来进行思考的，并运用"这里+现在"的原理进行运用，所以儿童学习语言的能力特别强。例如"妈妈，我要吃苹果""我要去上学""我喜欢奶奶"等。把这种儿童学习母语的方式应用到启蒙汉语中，可以使您浸泡在24小时的中文模拟环境中，让您像儿童学习母语那么容易。只要会说母语，您就能学好汉语。

　　《语感中文》由欧美联合留学生创业园结合美国华裔儿童及外国留学生学习中文的切身体验，历时5年在美国开发完成。《语感中文》将风靡全美的语音动作教学法根据外国人学习汉语的特点进行全面改善后应用在启蒙汉语学习中，为广大的汉语学习者创造了一个地道、真实的中文学习模拟环境，帮助学员直接运用中文进行日常思维训练，培养自然语感，全面提高学员的汉语综合能力。

» Preface

Newabc Chinese creates a comprehensive language environment!

A Message from Miss Aroma Yizi:

Newabc Chinese creates an environment in which you can learn Chinese. A newly born baby cannot speak, but will learn to speak English if it is born into an English speaking family, and learn to speak Chinese if it is born into a Chinese speaking family. Language environment thus determines language learning.

Newabc Chinese applies the ways that children learn their native languages to help immerse you in a language learning environment. Children think with the theme of self when they learn their native languages; they apply languages using a "here and now" principle, and therefore their ability to learn languages is strong. For instance, "Mom, I want to eat an apple", "I want to go to school" and "I like my grandmother". By applying the way children learn their native languages to the learning of the Chinese language, you can indulge yourself in a simulation of a Chinese environment for 24 hours, so that you can learn Chinese as easily as children learn their native languages. As long as you can speak your native language, you can master Chinese.

Newabc Chinese has been developed by Oumei Overseas Chinese Union Park, and is based on the experiences of American born Chinese children, and overseas students learning Chinese. It is a program that takes five years to finish in the United States. *Newabc Chinese* comprehensively improves the "Phonics and Action" teaching methods which are popular in the US, according to the needs of foreigners learning Chinese, and applies these methodologies to Chinese learning. It creates an idiomatic and true simulation of a Chinese learning environment. It helps the students train their minds to think directly in Chinese, cultivate their natural language abilities, and improve their comprehensive Chinese capabilities.

目 录
CONTENTS

Chapter 1 - Chapter 10

Chapter 11 - Chapter 20

Chapter 21 - Chapter 30

学习目标：
* 掌握早晨篇的常用词汇。
* 熟练背诵早晨篇的12个句子，并能运用于日常生活当中。
* 了解中文句型的基本结构。
* 鼓励学生谈论自己的早晨活动。

Goals:
* To learn the vocabulary of this chapter.
* To learn and use the 12 sentence structures introduced in this chapter.
* To learn the basic structure of Chinese sentence patterns.
* To encourage students to talk about their own morning activities in Chinese.

早晨篇
In the morning

超级单词 SUPER WORDS

早餐词汇 Breakfast

niúnǎi ❶ 牛奶 milk	miànbāo ❷ 面包 bread	bǐnggān ❸ 饼干 biscuit
mǐfàn ❹ 米饭 rice	dàngāo ❺ 蛋糕 cake	jiǎozi ❻ 饺子 dumpling
miàntiáo ❼ 面条 noodle	jīdàn ❽ 鸡蛋 egg	xiāngcháng ❾ 香肠 sausage
hànbǎobāo ❿ 汉堡包 hamburger	sānmíngzhì ⓫ 三明治 sandwich	dòujiāng ⓬ 豆浆 soymilk

第01章 早晨篇

● **牛奶** [niúnǎi] **milk**

Wǒ cóng bīngxiāng li náchū niúnǎi .
我从 冰箱里拿出牛奶。
I take some milk from the refrigerator.

● **米饭** [mǐfàn] **rice**

Wǒ bǎ mǐfàn zhǔshóu .
我把米饭煮熟。
I cook the rice until it is done.

● **面包** [miànbāo] **bread**

Wǒ zài miànbāo shang tú nǎiyóu .
我在面包上涂奶油。
I spread some butter on the bread.

● **蛋糕** [dàngāo] **cake**

Wǒ qiē dàngāo .
我切蛋糕。
I cut the cake.

● **饼干** [bǐnggān] **biscuit**

Wǒ dàile yì bāo bǐnggān .
我带了一包饼干。
I take a packet of biscuits.

● **饺子** [jiǎozi] **dumpling**

Wǒ jiān jiǎozi .
我煎饺子。
I fry the dumplings.

● 面条 [miàntiáo] **noodle**

Wǒ zhǔ miàntiáo.
我煮面条。
I boil the noodles.

● 汉堡包 [hànbǎobāo] **hamburger**

Wǒ mǎile yí gè hànbǎobāo.
我买了一个汉堡包。
I bought a hamburger.

● 鸡蛋 [jīdàn] **egg**

Wǒ zhēng jīdàn.
我蒸鸡蛋。
I steam the eggs.

● 三明治 [sānmíngzhì] **sandwich**

Wǒ bù xǐhuan chī sānmíngzhì.
我不喜欢吃三明治。
I don't like to eat sandwiches.

● 香肠 [xiāngcháng] **sausage**

Wǒ chǎo xiāngcháng.
我炒 香肠。
I stir-fry the sausages.

● 豆浆 [dòujiāng] **soymilk**

Wǒ bǎ dòujiāng jiārè.
我把豆浆加热。
I heat the soymilk.

第01章 | 早晨篇

1 Wǒ xǐng le .
我醒了。 I wake up.

2 Wǒ dǎ hāqian .
我打哈欠。 I yawn.

3 Wǒ shēn lǎnyāo .
我伸懒腰。 I stretch.

4 Wǒ róu yǎnjing .
我揉眼睛。 I rub my eyes.

5 Wǒ dié bèizi .
我叠被子。 I fold my quilt.

6 Wǒ qǔ máojīn .
我取毛巾。 I get the towel.

7 Wǒ xǐ liǎn .
我洗脸。 I wash my face.

8 Wǒ kāi shuǐlóngtóu .
我开水龙头。 I turn on the faucet.

9 Wǒ shuā yá .
我刷牙。 I brush my teeth.

10 Wǒ shū tóu .
我梳头。 I comb my hair.

11 Wǒ duànliàn shēntǐ .
我锻炼身体。 I exercise.

12 Wǒ qù shàng xué .
我去上学。 I go to school.

Wǒ xǐng le .
❶ 我醒了。 I wake up.

Tiān hái méiyǒu liàng .
天还没有亮。
It is not light yet.

Zhēn xiǎng zài shuì yíhuìr .
真 想再睡一会儿。
I really want to sleep some more.

Wǒ dǎ hāqian .
❷ 我打哈欠。 I yawn.

Wǒ hái xiǎng shuì .
我还想睡。
I still want to sleep.

Rúguǒ néng bú qù shàng xué gāi duō hǎo .
如果能不去上学该多好。
It would be so good if I didn't need to go to school.

Wǒ shēn lǎnyāo .
❸ 我伸懒腰。 I stretch.

Jīntiān gǎnjué zhēn hǎo .
今天感觉真好。
I feel so good today.

Wǒ gǎnjué lǎnyángyáng de .
我感觉懒洋洋的。
I feel lazy.

Wǒ róu yǎnjing .
❹ 我揉眼睛。 I rub my eyes.

Wèishénme yǎnjing zhēng bù kāi ne ?
为什么眼睛睁不开呢？
Why can't I open my eyes?

Hǎoxiàng yǒu dōngxi zài yǎnjing lǐmiàn .
好像有东西在眼睛里面。
It seems there is something in my eyes.

第01章 早晨篇

⑤ Wǒ dié bèizi。
我叠被子。 I fold my quilt.

🔊 Měi tiān shōushi fángjiān gǎnjué zhēn hǎo。
每天收拾房间感觉真好。
I feel good when I tidy up my room everyday.

🔊 Zhè chuáng bèizi shì māma xīn mǎi de。
这床被子是妈妈新买的。
The quilt is newly bought by my mother.

⑥ Wǒ qǔ máojīn。
我取毛巾。 I get the towel.

🔊 Zhè tiáo máojīn guà de tài gāo le。
这条毛巾挂得太高了。
The towel is hung too high.

🔊 Wǒ hěn xǐhuan zhège huāwén。
我很喜欢这个花纹。
I like this pattern very much.

⑦ Wǒ xǐ liǎn。
我洗脸。 I wash my face.

🔊 Wǒ yòng de shì Yīzǐ de fāngxiāng xǐmiànnǎi。
我用的是依子的芳香洗面奶。
I use Aroma Yizi face cleansing milk.

🔊 Hěn xǐhuan zhège wèidào。
很喜欢这个味道。
I like this smell.

⑧ Wǒ kāi shuǐlóngtóu。
我开水龙头。 I turn on the faucet.

🔊 Jīntiān shuǐlóngtóu de shuǐ zhēn xiǎo。
今天水龙头的水真小。
The water from the faucet is so little today.

🔊 Gǎnjué shuǐ tài rè le。
感觉水太热了。
I feel the water is too hot.

⑨ Wǒ shuā yá .
我刷牙。 I brush my teeth.

Zhè zhī yáshuā shì xīn mǎi de .
这支牙刷是新买的。
This toothbrush is newly bought.

Wǒ xǐhuan lánsè de yáshuā .
我喜欢蓝色的牙刷。
I like this blue toothbrush.

⑩ Wǒ shū tóu .
我梳头。 I comb my hair.

Wǒ hěn xǐhuan zhè zhǒng fàxíng .
我很喜欢这种发型。
I like this hair style very much.

Fàxíng jiǎndān yòu hǎokàn .
发型简单又好看。
The hair style is simple and good-looking.

⑪ Wǒ duànliàn shēntǐ .
我锻炼身体。 I exercise.

Zhè tái jiànshēnqì shì xīn mǎi de .
这台健身器是新买的。
This fitness machine has just been bought.

Gǎnjué hěn búcuò .
感觉很不错。
It feels pretty good.

⑫ Wǒ qù shàng xué .
我去上学。 I go to school.

Wǒ cónglái dōu bù chídào .
我从来都不迟到。
I am never late for school.

Yí lù shang de fēngjǐng hěn hǎo .
一路上的风景很好。
The scenery along the road is wonderful.

学习目标：

* 掌握上学篇的常用词汇。
* 熟练背诵上学篇的12个句子，并能运用于日常生活当中。
* 了解中文句型的基本结构。
* 鼓励学生谈论自己的上学过程。

Goals:

* To learn the vocabulary of this chapter.
* To learn and use the 12 sentence structures introduced in this chapter.
* To learn the basic structure of Chinese sentence patterns.
* To encourage students to talk about things that happened on their way to school in Chinese.

上学篇
Going to school

第02章　上学篇
Going to school

超级单词 SUPER WORDS

校园词汇　School life

 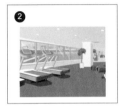  

  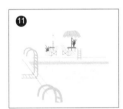 

① cāochǎng 操场 playground　② tǐyùguǎn 体育馆 gymnasium　③ lǐtáng 礼堂 hall

④ shāngdiàn 商店 store　⑤ túshūguǎn 图书馆 library　⑥ jiàoshì 教室 classroom

⑦ sùshè 宿舍 dormitory　⑧ bàngōngshì 办公室 office　⑨ shíyànshì 实验室 laboratory

⑩ huìyìshì 会议室 meeting room　⑪ yóuyǒngchí 游泳池 swimming pool　⑫ jùlèbù 俱乐部 club

第02章 上学篇

● **操场** [cāochǎng] **playground**

Wǒ qù cāochǎng dǎ lánqiú .
我去操场打篮球。
I go to play basketball on the playground.

● **商店** [shāngdiàn] **store**

Wǒ qù shāngdiàn mǎi dōngxi .
我去商店 买东西。
I go to the store to buy some things.

● **体育馆** [tǐyùguǎn] **gymnasium**

Wǒ qù tǐyùguǎn kàn bǐsài .
我去体育馆看比赛。
I go to the gymnasium to watch a game.

● **图书馆** [túshūguǎn] **library**

Wǒ qù túshūguǎn jiè shū .
我去图书馆借书。
I go to the library to borrow books.

● **礼堂** [lǐtáng] **hall**

Wǒ qù lǐtáng kàn yǎnchū .
我去礼堂看演出。
I go to the hall to watch a performance.

● **教室** [jiàoshì] **classroom**

Wǒ qù jiàoshì shàng zìxí .
我去教室上自习。
I go to the classroom to study by myself.

● **宿舍** [sùshè] **dormitory**

Wǒ qù sùshè xiūxi .
我去宿舍休息。
I go to the dormitory to rest.

● **办公室** [bàngōngshì] **office**

Wǒ qù bàngōngshì zhǎo lǎoshī
我去办公室找老师。
I go to the office to find the teacher.

● **实验室** [shíyànshì] **laboratory**

Wǒ qù shíyànshì zuò shíyàn .
我去实验室做实验。
I go to the laboratory to do an experiment.

● **会议室** [huìyìshì]
meeting room

Wǒ qù huìyìshì kāi huì .
我去会议室开会。
I go to the meeting room for a meeting.

● **游泳池** [yóuyǒngchí]
swimming pool

Wǒ qù yóuyǒngchí yóuyǒng .
我去游泳池游泳。
I go to the swimming pool to go
swimming.

● **俱乐部** [jùlèbù] **club**

Wǒ qù jùlèbù cānjiā wàiyǔjiǎo .
我去俱乐部参加外语角。
I go to the club to join the English corner.

第02章 | 上学篇

1　　Wǒ děng xiàochē .
我等校车。　　　　　I wait for the school bus.

2　　Wǒ shàng xiàochē .
我上 校车。　　　　　I get on the school bus.

3　　Wǒ zhǎo zuòwèi .
我找座位。　　　　　I look for a seat.

4　　Wǒ xué "Yǔgǎn Zhōngwén"
我学《语感中文》。　　I learn *Newabc Chinese*.

5　　Wǒ kàndào xuéxiào .
我看到学校。　　　　I see the school.

6　　Wǒ xià xiàochē .
我下校车。　　　　　I get off the school bus.

7　　Wǒ zǒujìn jiàoshì .
我走进教室。　　　　I walk into the classroom.

8　　Wǒ fàngxià shūbāo .
我放下书包。　　　　I put down my schoolbag.

9　　Wǒ dǎkāi chōuti .
我打开抽屉。　　　　I open the drawer.

10　　Wǒ náchū qiānbǐ .
我拿出铅笔。　　　　I take out a pencil.

11　　Wǒ fānkāi shūběn .
我翻开书本。　　　　I open the book.

12　　Wǒ zhǔnbèi shàngkè .
我准备上课。　　　　I'm ready to begin class.

Wǒ děng xiàochē.
1 我等校车。I wait for the school bus.

Jīntiān de rén zhēn duō.
今天的人真多。
There are so many people today.

Wǒ hǎo bù róngyì jǐ jìnlái le.
我好不容易挤进来了。
I manage to squeeze in.

Wǒ shàng xiàochē.
2 我上校车。I get on the school bus.

Qiánmiàn de mén méiyǒu kāi.
前面的门没有开。
The front door doesn't open.

Zhǐyǒu cóng hòumiàn de mén shàng chē le.
只有从后面的门上车了。
I have to get on the bus from the rear door.

Wǒ zhǎo zuòwèi.
3 我找座位。I look for a seat.

Dàochù dōu shì mǎnmǎn de.
到处都是满满的。
It is completely full.

Zhǐyǒu zuì hòumiàn háiyǒu yí gè zuòwèi.
只有最后面还有一个座位。
There is only one seat left at the back.

Wǒ xué " Yǔgǎn Zhōngwén ".
4 我学《语感中文》。I learn *Newabc Chinese*.

Xiànzài hěn liúxíng xué duō guó yǔ.
现在很流行学多国语。
It is popular to learn multiple languages now.

Wǒ xīwàng yǒu yì tiān néng huányóu shìjiè.
我希望有一天能环游世界。
I hope I can travel around the world one day.

第02章 上学篇

⑤ Wǒ kàndào xuéxiào.
我看到学校。 I see the school.

Yí lù shang dōu sāi chē.
一路上都塞车。
There is traffic jam all the way.

Hǎo bù róngyi dào xuéxiào le.
好不容易到学校了。
I have a hard time reaching the school.

⑥ Wǒ xià xiàochē.
我下校车。 I get off the school bus.

Qiānwàn bù néng chídào.
千万不能迟到。
I can't be late.

Hái chà shí fēnzhōng.
还差10分钟。
There is still ten minutes left.

⑦ Wǒ zǒujìn jiàoshì.
我走进教室。 I walk into the classroom.

Háiyǒu yìxiē tóngxué méi lái.
还有一些同学没来。
Some classmates haven't come yet.

Zǒngsuàn méiyǒu chídào.
总算没有迟到。
I am not late in the end.

⑧ Wǒ fàngxià shūbāo.
我放下书包。 I put down my schoolbag.

Wǒ gǎnjué sōngle yì kǒu qi.
我感觉松了一口气。
I am relieved.

Shūbāo lǐmiàn yǒu hěn duō shū.
书包里面有很多书。
There are many books in my schoolbag.

9 Wǒ dǎkāi chōuti.
我打开抽屉。I open the drawer.

Chōuti li de shū mǎnmǎn de.
抽屉里的书满满的。
The drawer is full of books.

Wǒ de shū zhǎo bú dào le.
我的书找不到了。
I can't find my books.

10 Wǒ náchū qiānbǐ.
我拿出铅笔。I take out a pencil.

Gāngbǐ méiyǒu mòshuǐ le.
钢笔没有墨水了。
The pen is out of ink.

Zhè zhī qiānbǐ hěn hǎoyòng.
这支铅笔很好用。
This pencil is good.

11 Wǒ fānkāi shūběn.
我翻开书本。I open the book.

Jīntiān xuéxí dì-èr kè.
今天学习第二课。
I learn Lesson Two today.

Hěn duō zì wǒ dōu bú rènshi.
很多字我都不认识。
There are so many characters that I don't know.

12 Wǒ zhǔnbèi shàngkè.
我准备上课。I'm ready to begin class.

Lǎoshī zǒujìn jiàoshì le.
老师走进教室了。
The teacher comes into the classroom.

Wǒ gǎnjué jīntiān de jīngshén hěn hǎo.
我感觉今天的精神很好。
I feel great today.

03 章

学习目标：

* 掌握课堂篇的常用词汇。
* 熟练背诵课堂篇的12个句子，并能运用于日常生活当中。
* 了解中文句型的基本结构。
* 鼓励学生谈论自己最喜欢的课程。

Goals:

* To learn the vocabulary of this chapter.
* To learn and use the 12 sentence structures introduced in this chapter.
* To learn the basic structure of Chinese sentence patterns.
* To encourage students to talk about their favorite subjects in Chinese.

课堂篇
In class

第03章　课堂篇 In class

超级单词 SUPER WORDS

文具词汇 Stationary

  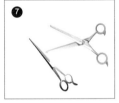 

shūbāo ❶ 书包 schoolbag	jiāoshuǐ ❷ 胶水 glue	xiàngpi ❸ 橡皮 eraser
chǐzi ❹ 尺子 ruler	bǐjìběn ❺ 笔记本 notebook	wénjùhé ❻ 文具盒 pencil box
jiǎndāo ❼ 剪刀 scissors	shū ❽ 书 book	zhǐ ❾ 纸 paper
gāngbǐ ❿ 钢笔 pen	qiānbǐ ⓫ 铅笔 pencil	juǎnbǐdāo ⓬ 卷笔刀 pencil sharpener

● 书包 [shūbāo] **schoolbag**

Wǒ de shūbāo hěn chén .
我的书包很沉。
My schoolbag is very heavy.

● 尺子 [chǐzi] **ruler**

Wǒ yǒu sān bǎ chǐzi
我有三把尺子。
I have three rulers.

● 胶水 [jiāoshuǐ] **glue**

Wǒ xiǎng mǎi yì píng jiāoshuǐ .
我想买一瓶胶水。
I want to buy a bottle of glue.

● 笔记本 [bǐjìběn] **notebook**

Wǒ de bǐjìběn hěn báo .
我的笔记本很薄。
My notebook is very thin.

● 橡皮 [xiàngpí] **eraser**

Wǒ de xiàngpí yǒu yìxiē xiāngwèi .
我的橡皮有一些香味。
My eraser has some sweet smell.

● 文具盒 [wénjùhé] **pencil box**

Wǒ de wénjùhé hěn piàoliang .
我的文具盒很漂亮。
My pencil box is very pretty.

● 剪刀 [jiǎndāo] scissors

Wǒ de jiǎndāo bú jiàn le .
我的剪刀不见了。
I don't know where my scissors are.

● 钢笔 [gāngbǐ] pen

Wǒ de gāngbǐ méi mòshuǐ le .
我的钢笔没墨水了。
My pen ran out of ink.

● 书 [shū] book

Wǒ de shū hěn xīn .
我的书很新。
My book is pretty new.

● 铅笔 [qiānbǐ] pencil

Wǒ náchū qiānbǐ .
我拿出铅笔。
I take out a pencil.

● 纸 [zhǐ] paper

Wǒ mǎile yì bāo zhǐ .
我买了一包纸。
I bought a pack of paper.

● 卷笔刀 [juǎnbǐdāo]

pencil sharpener

Wǒ bǎ juǎnbǐdāo fàng zài zhuōzi shang .
我把卷笔刀放在桌子上。
I put the pencil sharpener on the table.

1 Wǒ jǔ shǒu.
我举手。 — I raise my hand.

2 Wǒ huídá wèntí.
我回答问题。 — I answer the question.

3 Wǒ jì kètáng bǐjì
我记课堂笔记。 — I take notes.

4 Wǒ bèisòng kèwén.
我背诵课文。 — I recite the text.

5 Wǒ shàng Zhōngwénkè.
我上 中文课。 — I take Chinese class.

6 Wǒ shàng shùxuékè.
我上 数学课。 — I take Math class.

7 Wǒ shàng Yīngyǔkè.
我上 英语课。 — I take English class.

8 Wǒ shàng yīnyuèkè.
我上 音乐课。 — I take Music class.

9 Wǒ shàng tǐyùkè.
我上 体育课。 — I take Physical Education class.

10 Wǒ shàng měishùkè.
我上 美术课。 — I take Art class.

11 Wǒ rènzhēn tīng kè.
我认真听课。 — I concentrate in the class.

12 Wǒ kèjiān xiūxi.
我课间休息。 — I take a break.

❶ Wǒ jǔ shǒu .
我举手。 I raise my hand.

Hěn duō tóngxué dōu jǔ shǒu le .
很多同学都举手了。
Many classmates raise their hands.

Bù zhīdào lǎoshī huìbuhuì jiào wǒ .
不知道老师会不会叫我。
I wonder if the teacher will call my name.

❷ Wǒ huídá wèntí .
我回答问题。 I answer the question.

Hěn duō tóngxué dōu xiànmù de kànzhe wǒ .
很多同学都羡慕地看着我。
Many classmates look at me enviously.

Wǒ zhēn xìngyùn .
我真幸运。
I am so lucky.

❸ Wǒ jì kètáng bǐjì .
我记课堂笔记。 I take notes.

Zhè jié fùxíkè hěn zhòngyào .
这节复习课很重要。
The lesson review is very important.

Lǎoshī bùzhìle zuòyè .
老师布置了作业。
The teacher gives us assignments.

❹ Wǒ bèisòng kèwén .
我背诵课文。 I recite the text.

Zhè piān kèwén hǎo cháng ya .
这篇课文好长呀。
The text is so long.

Zhēn nán bèi .
真难背。
It is really difficult to recite.

第03章 课堂篇

⑤ Wǒ shàng Zhōngwénkè .
我上中文课。 I take Chinese class.

Wǒ juéde shàngkè hěn yǒuqù .
我觉得上课很有趣。
I think having class is a lot of fun.

Wǒ xǐhuan xué yǔyán .
我喜欢学语言。
I like learning languages.

⑥ Wǒ shàng shùxuékè .
我上数学课。 I take Math class.

Zhèxiē shùzì zhēnshi tài kěpà le .
这些数字真是太可怕了。
These numbers are frightful.

Wǒ zhēn xiànmù nàxiē shùxuéjiā .
我真羡慕那些数学家。
I really envy those mathematicians.

⑦ Wǒ shàng Yīngyǔkè
我上英语课。 I take English class.

Yīngyǔ shì hěn róngyì xué de .
英语是很容易学的。
English is easy to learn.

Wǒ xǐhuan chàng Yīngyǔ gēqǔ .
我喜欢唱英语歌曲。
I like singing English songs.

⑧ Wǒ shàng yīnyuèkè .
我上音乐课。 I take Music class.

Wǒ xiwàng yǒu yì tiān néng chéngwéi yīnyuèjiā .
我希望有一天能成为音乐家。
I hope I can be a musician one day.

Dànshì yuèpǔ shízài tài nán xué le .
但是乐谱实在太难学了。
But it is difficult to learn notations.

⑨ Wǒ shàng tǐyùkè.
我上体育课。I take Physical Education class.

🔊 Duànliàn shēntǐ gǎnjué zhēn hǎo.
锻炼身体感觉真好。
It feels good to do exercise.

🔊 Jiùshì shì wài tài rè le.
就是室外太热了。
But it is too hot outside.

⑩ Wǒ shàng měishùkè.
我上美术课。I take Art class.

🔊 Wǒ hěn xǐhuan kàn dònghuàpiàn.
我很喜欢看动画片。
I like watching animations.

🔊 Tīngshuō "Yīzǐ Fāngxiāng Xiǎojiě" shì Zhōngguó chūpǐn de.
听说《依子芳香小姐》是中国出品的。
I hear that Miss Aroma Yizi is produced in China.

⑪ Wǒ rènzhēn tīng kè.
我认真听课。I concentrate in the class.

🔊 Jīntiān de nèiróng hěn zhòngyào.
今天的内容很重要。
The content is very important today.

🔊 Mǎshàng jiùyào kǎoshì le.
马上就要考试了。
The exam is coming soon.

⑫ Wǒ kèjiān xiūxi.
我课间休息。I take a break.

🔊 Yào zhùyì bǎohù shìlì.
要注意保护视力。
Pay attention to the protection of your eyesight.

🔊 Kèjiān xiūxi zhǐyǒu shí fēnzhōng.
课间休息只有十分钟。
Break time is only ten minutes.

第 04 章

学习目标：

* 掌握课后篇的常用词汇。
* 熟练背诵课后篇的12个句子，并能运用于日常生活当中。
* 了解中文句型的基本结构。
* 鼓励学生谈论自己的课后活动。

Goals:

* To learn the vocabulary of this chapter.
* To learn and use the 12 sentence structures introduced in this chapter.
* To learn the basic structure of Chinese sentence patterns.
* To encourage students to talk about their after class activities in Chinese.

课后篇
After class

超级单词 SUPER WORDS

运动词汇 Sports

   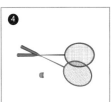

❶ zúqiú
足球　soccer

❷ lánqiú
篮球　basketball

❸ pīngpāngqiú
乒乓球　table tennis

❹ yǔmáoqiú
羽毛球　badminton

❺ páiqiú
排球　volleyball

❻ wǎngqiú
网球　tennis

❼ gāo'ěrfū
高尔夫　golf

❽ yóuyǒng
游泳　swimming

❾ huábīng
滑冰　skating

❿ wǔshù
武术　martial art

⓫ tǐcāo
体操　gymnastic

⓬ shèjī
射击　shooting

第04章 课后篇

● 足球 [zúqiú] **soccer**

Wǒ xǐhuan kàn zúqiú bǐsài .
我喜欢看足球比赛。
I like watching soccer games.

● 羽毛球 [yǔmáoqiú] **badminton**

Wǒ shì yǔmáoqiú guànjūn .
我是羽毛球冠军。
I am a badminton champion.

● 篮球 [lánqiú] **basketball**

Wǒ hé tóngxué yìqǐ dǎ lánqiú .
我和同学一起打篮球。
I play basketball with my classmates.

● 排球 [páiqiú] **volleyball**

Wǒ xiǎng xué dǎ páiqiú .
我想学打排球。
I want to learn to play volleyball.

● 乒乓球 [pīngpāngqiú] **table tennis**

Wǒ jīngcháng dǎ pīngpāngqiú .
我经常打乒乓球。
I often play table tennis.

● 网球 [wǎngqiú] **tennis**

Wǒ bú shàncháng dǎ wǎngqiú .
我不擅长打网球。
I am not good at playing tennis.

● 高尔夫 [gāo'ěrfū] **golf**

Wǒ zài liànxí dǎ gāo'ěrfū .
我在练习打高尔夫。
I practice golfing.

● 武术 [wǔshù] **martial art**

Wǒ xiǎng liàn wǔshù .
我想练武术。
I want to practice martial arts.

● 游泳 [yóuyǒng] **swimming**

Wǒ xǐhuan yóuyǒng .
我喜欢游泳。
I like swimming.

● 体操 [tǐcāo] **gymnastic**

Wǒ méiyǒu xuéguo tǐcāo .
我没有学过体操。
I have never learned gymnastics.

● 滑冰 [huábīng] **skating**

Wǒ hàipà huábīng .
我害怕滑冰。
I am scared of skating.

● 射击 [shèjī] **shooting**

Wǒ shì yì míng shèjī duìyuán .
我是一名射击队员。
I am a shooter.

Wǒ chàng gē .
1 我唱歌。 　　　　　I sing.

Wǒ tiàowǔ .
2 我跳舞。 　　　　　I dance.

Wǒ xué huà huà .
3 我学画画。 　　　　I learn to draw.

Wǒ zuò yóuxì .
4 我做游戏。 　　　　I play games.

Wǒ cāi míyǔ .
5 我猜谜语。 　　　　I guess riddles.

Wǒ tán gāngqín .
6 我弹钢琴。 　　　　I play the piano.

Wǒ lā tíqín .
7 我拉提琴。 　　　　I play the violin.

Wǒ dǎ lánqiú .
8 我打篮球。 　　　　I play basketball.

Wǒ tī zúqiú .
9 我踢足球。 　　　　I play soccer.

Wǒ yóuyǒng .
10 我游泳。 　　　　　I swim.

Wǒ pǎobù .
11 我跑步。 　　　　　I run.

Wǒ qí mǎ .
12 我骑马。 　　　　　I ride horses.

1 我 唱 歌。 I sing.
Wǒ chàng gē .

🔊 我喜欢听古典音乐。
Wǒ xǐhuan tīng gǔdiǎn yīnyuè .
I like listening to classical music.

🔊 有时音乐能给我带来灵感。
Yǒushí yīnyuè néng gěi wǒ dàilái línggǎn .
Sometimes music brings me inspiration.

2 我 跳 舞。 I dance.
Wǒ tiàowǔ .

🔊 拉丁舞很难学。
Lādīngwǔ hěn nán xué .
Latin dancing is difficult to learn.

🔊 交谊舞需要有舞伴。
Jiāoyìwǔ xūyào yǒu wǔbàn .
Ballroom dancing requires partners.

3 我 学 画 画。 I learn to draw.
Wǒ xué huà huà .

🔊 我小时候就喜欢画卡通。
Wǒ xiǎoshíhou jiù xǐhuan huà kǎtōng .
I liked drawing cartoons when I was young.

🔊 希望有一天能出版我的作品。
Xīwàng yǒu yì tiān néng chūbǎn wǒ de zuòpǐn .
I hope my works can be published one day.

4 我 做 游 戏。 I play games.
Wǒ zuò yóuxì .

🔊 大家围成了一圈。
Dàjiā wéichéngle yì quān .
Everybody stands in a circle.

🔊 我站在中间。
Wǒ zhàn zài zhōngjiān .
I stand in the middle.

第04章 课后篇

第04章 课后篇

5 我猜谜语。I guess riddles.
Wǒ cāi míyǔ .

这个谜语很难猜。
Zhège míyǔ hěn nán cāi .
The riddle is difficult.

但是我还是猜中了。
Dànshì wǒ háishi cāizhòng le .
But I get it right.

6 我弹钢琴。I play the piano.
Wǒ tán gāngqín .

为什么钢琴这么难学呢?
Wèishénme gāngqín zhème nán xué ne ?
Why it is so difficult to learn to play the piano?

她怎么弹得那么好?
Tā zěnme tán de nàme hǎo ?
How does she play so well?

7 我拉提琴。I play the violin.
Wǒ lā tíqín .

这把提琴是爸爸送给我的。
Zhè bǎ tíqín shì bàba sònggěi wǒ de .
The violin is a gift from my father.

我已经保存十年了。
Wǒ yǐjīng bǎocún shí nián le .
I have kept it for ten years.

8 我打篮球。I play basketball.
Wǒ dǎ lánqiú .

听说打篮球有益健康。
Tīngshuō dǎ lánqiú yǒuyì jiànkāng .
I hear that playing basketball is good for one's health.

我的个子越来越高了。
Wǒ de gèzi yuèláiyuè gāo le .
I am growing taller.

⑨ 我踢足球。I play soccer.
Wǒ tī zúqiú

这个足球场真大。
Zhège zúqiúchǎng zhēn dà
This football field is really large.

我的体力快要支撑不住了。
Wǒ de tǐlì kuàiyào zhīchēng bú zhù le
I almost lost my strength running around it.

⑩ 我游泳。I swim.
Wǒ yóuyǒng

我的皮肤越来越黑了。
Wǒ de pífū yuèláiyuè hēi le
My skin is getting darker and darker.

马上就快游上岸了。
Mǎshàng jiù kuài yóu shàng àn le
I am swimming back to land soon.

⑪ 我跑步。I run.
Wǒ pǎobù

这真是一个长跑运动。
Zhè zhēnshi yí gè chángpǎo yùndòng
This is truly a marathon.

感觉好累呀。
Gǎnjué hǎo lèi ya
I feel tired.

⑫ 我骑马。I ride horses.
Wǒ qí mǎ

这匹马是刚买来的。
Zhè pǐ mǎ shì gāng mǎilái de
This horse is newly purchased.

这匹马很温顺。
Zhè pǐ mǎ hěn wēnshùn
This horse is very docile.

学习目标：

* 掌握午餐篇的常用词汇。
* 熟练背诵午餐篇的12个句子，并能运用于日常生活当中。
* 了解中文句型的基本结构。
* 鼓励学生谈论自己的一日三餐。

Goals:

* To learn the vocabulary of this chapter.
* To learn and use the 12 sentence structures introduced in this chapter.
* To learn the basic structure of Chinese sentence patterns.
* To encourage students to talk about their meals in Chinese.

午餐篇
Having lunch

超级单词 SUPER WORDS

午餐词汇 Lunch

❶ bīngqílín 冰淇淋 ice cream	❷ kāfēi 咖啡 coffee	❸ chá 茶 tea
❹ jiǔ 酒 liquor	❺ qìshuǐ 汽水 soda	❻ píjiǔ 啤酒 beer
❼ guǒzhī 果汁 juice	❽ suānnǎi 酸奶 yoghurt	❾ shūcài 蔬菜 vegetable
❿ shuǐguǒ 水果 fruit	⓫ tāng 汤 soup	⓬ ròu 肉 meat

第05章 午餐篇

● 冰淇淋 [bīngqílín] ice cream

Wǒ xǐhuan chī bīngqílín .
我喜欢吃冰淇淋。
I like eating ice cream.

● 酒 [jiǔ] wine

Wǒ bú shàncháng hē jiǔ .
我不擅长喝酒。
I'm not good at drinking wine.

● 咖啡 [kāfēi] coffee

Wǒ diǎnle yì bēi kāfēi .
我点了一杯咖啡。
I ordered a cup of coffee.

● 汽水 [qìshuǐ] soda

Wǒ dǎkāi qìshuǐ .
我打开汽水。
I open the soda.

● 茶 [chá] tea

Wǒ xǐhuan hē Zhōngguóchá .
我喜欢喝中国茶。
I like drinking Chinese tea.

● 啤酒 [píjiǔ] beer

Wǒ dàole yì bēi píjiǔ .
我倒了一杯啤酒。
I poured a glass of beer.

● 果汁 [guǒzhī] juice

Wǒ zhèngzài zhà guǒzhī .
我正在榨果汁。
I am extracting juice.

● 水果 [shuǐguǒ] fruit

Wǒ bǎ shuǐguǒ fàngjìn pánzi li .
我把水果放进盘子里。
I put the fruits on a plate.

● 酸奶 [suānnǎi] yoghurt

Wǒ mǎile yì píng suānnǎi .
我买了一瓶酸奶。
I bought a bottle of yoghurt.

● 汤 [tāng] soup

Wǒ bǎ tāng jiārè .
我把汤加热。
I heat the soup.

● 蔬菜 [shūcài] vegetable

Wǒ xiǎng chī shūcài .
我想吃蔬菜。
I would like to eat vegetables.

● 肉 [ròu] meat

Wǒ diǎnle yí fèn chǎoròu .
我点了一份炒肉。
I ordered a sauteed meat.

Wǒ chī wǔcān .
1 我吃午餐。 I eat lunch.

Wǒ hē shuǐ .
2 我喝水。 I drink water.

Wǒ dǎkāi bīngxiāng .
3 我打开冰箱。 I open the refrigerator.

Wǒ dào guǒzhī .
4 我倒果汁。 I pour juice.

Wǒ ná wǎn .
5 我拿碗。 I take a bowl.

Wǒ qǔ sháozi .
6 我取勺子。 I take a spoon.

Wǒ chī shuǐguǒ .
7 我吃水果。 I eat fruits.

Wǒ qīnglǐ chúfáng .
8 我清理厨房。 I clean the kitchen.

Wǒ duān diézi .
9 我端碟子。 I hold dishes.

Wǒ shàng xǐshǒujiān .
10 我上洗手间。 I go to the bathroom.

Wǒ shù kǒu .
11 我漱口。 I rinse my mouth.

Wǒ shuì wǔjiào .
12 我睡午觉。 I take an afternoon nap.

1 Wǒ chī wǔcān 。
我吃午餐。 I eat lunch.

Jīntiān de wǔcān zhēn nán chī 。
今天的午餐真难吃。
Lunch tastes awful today.

Tài là le 。
太辣了。
It is too spicy.

2 Wǒ hē shuǐ 。
我喝水。 I drink water.

Gǎnjué hěn kě 。
感觉很渴。
I feel so thirsty.

Wǒ dàole yì bēi shuǐ 。
我倒了一杯水。
I pour myself a glass of water.

3 Wǒ dǎkāi bīngxiāng 。
我打开冰箱。 I open the refrigerator.

Bīngxiāng de shíwù hái méiyǒu jiědòng 。
冰箱的食物还没有解冻。
The food in the refrigerator hasn't thawed yet.

Méiyǒu shénme kěyǐ chī de 。
没有什么可以吃的。
There is nothing I can eat.

4 Wǒ dào guǒzhī 。
我倒果汁。 I pour juice.

Zhè píng guǒzhī shì níngméngwèi de 。
这瓶果汁是柠檬味的。
This bottle of juice is lemon flavored.

Wǒ hěn xǐhuan zhège wèidào 。
我很喜欢这个味道。
I like this flavor very much.

第05章 午餐篇

45

5 Wǒ ná wǎn .
我拿碗。I take a bowl.

Wǎn fàngzài chúguì li .
碗放在橱柜里。
The bowls are kept in the kitchen cabinet.

Wǒ yào qù chúfáng ná .
我要去厨房拿。
I am going to get them from the kitchen.

6 Wǒ qǔ sháozi .
我取勺子。I take a spoon.

Zhè bǎ sháozi tài cháng le .
这把勺子太长了。
This spoon is too long.

Wǒ xǐhuan xiǎo yìdiǎn de sháozi .
我喜欢小一点的勺子。
I like smaller spoons.

7 Wǒ chī shuǐguǒ .
我吃水果。I eat fruits.

Duō chī shuǐguǒ duì pífū hěn hǎo .
多吃水果对皮肤很好。
Eating fruits is good for the skin.

Wǒ xǐhuan chī xīnxiān shuǐguǒ .
我喜欢吃新鲜水果。
I like eating fresh fruits.

8 Wǒ qīnglǐ chúfáng .
我清理厨房。I clean the kitchen.

Kèrén dōu zǒu le .
客人都走了。
The guests are all gone.

Wǒ yào xuéxí zuò jiāwù .
我要学习做家务。
I need to learn to do the household chores.

⑨ Wǒ duān diézi .
我端碟子。 I hold dishes.

Wǒ xiànzài kāishǐ dāng fúwùyuán .
我现在开始当服务员。
I have started to be a waitress now.

Shǔjià wǒ xiǎng qù cāntīng dǎgōng .
暑假我想去餐厅打工。
I want to have a part-time job in a restaurant during the
summer vacation.

⑩ Wǒ shàng xǐshǒujiān .
我上洗手间。 I go to the bathroom.

Xǐshǒujiān zhēn huá .
洗手间真滑。
The bathroom is slippery.

Xiǎoxīn búyào shuāidǎo le .
小心不要摔倒了。
Mind that you don't slip.

⑪ Wǒ shù kǒu .
我漱口。 I rinse my mouth.

Jīntiān de cài tài là le .
今天的菜太辣了。
The dish today was too spicy.

Xiànzài hái gǎnjué dào làwèi .
现在还感觉到辣味。
I still feel spicy now.

⑫ Wǒ shuì wǔjiào .
我睡午觉。 I take an afternoon nap.

Wǒ yǒushuì wǔjiào de xíguàn .
我有睡午觉的习惯。
I have a habit of taking afternoon naps.

Qiānwàn búyào chǎoxǐng wǒ .
千万不要吵醒我。
Don't wake me up.

学习目标：

* 掌握下午篇的常用词汇。
* 熟练背诵下午篇的12个句子，并能运用于日常生活
  当中。
* 了解中文句型的基本结构。
* 鼓励学生谈论自己的下午活动。

Goals:

* To learn the vocabulary of this chapter.
* To learn and use the 12 sentence structures introduced
  in this chapter.
* To learn the basic structure of Chinese sentence
  patterns.
* To encourage students to talk about their afternoon
  activities in Chinese.

下午篇
In the afternoon

超级单词 SUPER WORDS

课程词汇 Courses

 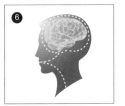  

Zhōngwén
① 中文 Chinese

Yīngyǔ
② 英语 English

shùxué
③ 数学 mathematics

dìlǐ
④ 地理 geography

lìshǐ
⑤ 历史 history

shēngwù
⑥ 生物 biology

huàxué
⑦ 化学 chemistry

wùlǐ
⑧ 物理 physics

yīnyuè
⑨ 音乐 music

měishù
⑩ 美术 art

tǐyù
⑪ 体育 physical education

diànnǎo
⑫ 电脑 computer

● **中文** [Zhōngwén] **Chinese**

Wǒ zhèngzài xué Zhōngwén.
我正在学中文。
I am learning Chinese.

● **地理** [dìlǐ] **geography**

Wǒ shàng dìlǐkè
我上地理课。
I attend geography class.

● **英语** [Yīngyǔ] **English**

Wǒ de Yīngyǔ chéngjì hěn hǎo.
我的英语成绩很好。
My English grade is very good.

● **历史** [lìshǐ] **history**

Wǒ shàng lìshǐkè
我上历史课。
I attend history class.

● **数学** [shùxué] **mathematics**

Wǒ jīngcháng shùxué kǎoshì dé mǎnfēn
我经常数学考试得满分。
I often get full marks for mathematics.

● **生物** [shēngwù] **biology**

Wǒ xiǎng chéngwéi yì míng shēngwù lǎoshī
我想成为一名生物老师。
I would like to be a biology teacher.

● **化学** [huàxué] **chemistry**

Wǒ hàipà zuò huàxué shíyàn.
我害怕做化学实验。
I am afraid of doing chemical experiments.

● **美术** [měishù] **art**

Wǒ bù xǐhuan měishù.
我不喜欢美术。
I don't like art.

● **物理** [wùlǐ] **physics**

Wǒ de wùlǐ chéngjì bù hǎo.
我的物理成绩不好。
I do poorly in physics.

● **体育** [tǐyù] **physical education**

Wǒ jīngcháng tǐyù kǎoshì bù jígé.
我经常体育考试不及格。
I often fail in physical education.

● **音乐** [yīnyuè] **music**

Wǒ xǐhuan yīnyuè.
我喜欢音乐。
I like music.

● **电脑** [diànnǎo] **computer**

Wǒ yòng diànnǎo shàng wǎng.
我用电脑上网。
I use the computer to surf the Internet.

Wǒ xiě zuòyè .

1 我写作业。

I am writing homework.

Wǒ kàn shū .

2 我看书。

I read a book.

Wǒ yùxí gōngkè .

3 我预习功课。

I review the lesson.

Wǒ wèn lǎoshī wèntí .

4 我问老师问题。

I ask the teacher questions.

Wǒ xué diànnǎo .

5 我学电脑。

I learn to use the computer.

Wǒ dú bàozhǐ .

6 我读报纸。

I read the newspaper.

Wǒ tīng shōuyīnjī .

7 我听收音机。

I listen to the radio.

Wǒ shuō Hànyǔ .

8 我说汉语。

I speak Chinese.

Wǒ dǎsǎo jiàoshì .

9 我打扫教室。

I clean the classroom.

Wǒ cā hēibǎn .

10 我擦黑板。

I clean the blackboard.

Wǒ guān chuānghu .

11 我关窗户。

I close the window.

Wǒ xiàkè le .

12 我下课了。

I've finished class.

① Wǒ xiě zuòyè.
我写作业。 I am writing homework.

Jīntiān de zuòyè zhēn duō.
今天的作业真多。
There are so many assignments today.

Kànlái wǎnshang yòu yào áoyè le.
看来晚上又要熬夜了。
It seems I will stay up late again.

② Wǒ kàn shū.
我看书。 I read a book.

Dēngguāng tài àn le.
灯光太暗了。
The light is too dim.

Wǒ yào huàn yí gè fángjiān.
我要换一个房间。
I want to change for another room.

③ Wǒ yùxí gōngkè.
我预习功课。 I review the lesson.

Míngtiān lǎoshī huì zài kètáng shang tíwèn.
明天老师会在课堂上提问。
The teacher will ask questions in class tomorrow.

Wǒ děi gǎnjǐn zhǔnbèi.
我得赶紧准备。
I need to hurry up and make preparations.

④ Wǒ wèn lǎoshī wèntí.
我问老师问题。 I ask the teacher questions.

Hěnduō wèntí dōu nòng bù qīngchu.
很多问题都弄不清楚。
There are a lot of questions that I don't understand.

Mǎshàng jiù yào kǎoshì le, zěnme bàn?
马上就要考试了，怎么办？
What should I do, the exam is coming soon.

Wǒ xué diànnǎo .
5 我学电脑。I learn to use the computer.

Diànnǎo zǒngshì sǐjī .
电脑总是死机。
The computer always crashes.

Kěnéng shì zhòngle bìngdú .
可能是中了病毒。
It probably has a virus.

Wǒ dú bàozhǐ .
6 我读报纸。I read the newspaper.

Wǒ měi tiān zǎoshang mǎi bàozhǐ .
我每天早上买报纸。
I buy a newspaper every morning.

Jīntiān méi shénme xīnwén .
今天没什么新闻。
There is no new news today.

Wǒ tīng shōuyīnjī .
7 我听收音机。I listen to the radio.

Jīntiān de guǎngbō tīng bù qīngchu .
今天的广播听不清楚。
The radio can't be heard clearly today.

Kěnéng shì tiānxiàn de xìnhào jiēshōu bù hǎo .
可能是天线的信号接收不好。
The signal is probably not being received well by
the antenna.

Wǒ shuō Hànyǔ .
8 我说汉语。I speak Chinese.

Yǔyán xuéxí zuì zhòngyào de shì cíhuìliàng .
语言学习最重要的是词汇量。
The most important thing in language learning is
vocabulary.

Píngshí yào jiāqiáng liànxí yǔ shíjiàn .
平时要加强练习与实践。
Do exercises and practice more in daily life.

⑨ Wǒ dǎsǎo jiàoshì.
我打扫教室。 I clean the classroom.

Jīntiān wǒ zhíbān.
今天我值班。
I am on duty today.

Tóngxué dōu fàngxué le.
同学都放学了。
My classmates have finished their classes.

⑩ Wǒ cā hēibǎn.
我擦黑板。 I clean the blackboard.

Zhèkuài hēibǎn shì xīn de.
这块黑板是新的。
This blackboard is new.

Gǎnjué yòu guāng yòu liàng.
感觉又光又亮。
It seems glossy and bright.

⑪ Wǒ guān chuānghu.
我关窗户。 I close the window.

Tīngshuō jīntiān yǒu táifēng.
听说今天有台风。
It is said that there will be a typhoon today.

Jǐnliàng búyào chūmén.
尽量不要出门。
Do not go out.

⑫ Wǒ xiàkè le.
我下课了。 I've finished class.

Zǒngsuàn kěyǐ huí jiā le.
总算可以回家了。
I can go home finally.

Wǎnshang bú qù xuéxiào le.
晚上不去学校了。
I will not go to school in the evening.

学习目标：

* 掌握晚上篇的常用词汇。
* 熟练背诵晚上篇的12个句子，并能运用于日常生活当中。
* 了解中文句型的基本结构。
* 鼓励学生谈论自己的晚上活动。

Goals:

* To learn the vocabulary of this chapter.
* To learn and use the 12 sentence structures introduced in this chapter.
* To learn the basic structure of Chinese sentence patterns.
* To encourage students to talk about their night time activities in Chinese.

晚上篇
In the evening

超级单词 SUPER WORDS

四季词汇 Seasons

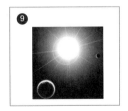   

❶ shàngwǔ 上午 morning	❷ zhōngwǔ 中午 noon	❸ xiàwǔ 下午 afternoon
❹ wǎnshang 晚上 evening	❺ chūnjì 春季 spring	❻ xiàjì 夏季 summer
❼ qiūjì 秋季 autumn	❽ dōngjì 冬季 winter	❾ tàiyáng 太阳 sun
❿ dìqiú 地球 earth	⓫ xīngxing 星星 star	⓬ yuèliang 月亮 moon

第07章 晚上篇

● 上午 [shàngwǔ] **morning**

Wǒ shàngwǔ duànliàn shēntǐ.
我上午锻炼身体。
I do physical exercise in the morning.

● 晚上 [wǎnshang] **evening**

Wǒ wǎnshang kàn diànshì.
我晚上看电视。
I watch TV in the evening.

● 中午 [zhōngwǔ] **noon**

Wǒ zhōngwǔ shuì wǔjiào.
我中午睡午觉。
I take a nap at noon.

● 春季 [chūnjì] **spring**

Wǒ xǐhuan chūnjì pá shān.
我喜欢春季爬山。
I like mountain climbing in spring.

● 下午 [xiàwǔ] **afternoon**

Wǒ xiàwǔ xuéxí.
我下午学习。
I study in the afternoon.

● 夏季 [xiàjì] **summer**

Wǒ xǐhuan xiàjì yóuyǒng.
我喜欢夏季游泳。
I like swimming in summer.

● 秋季 [qiūjì] **autumn**

Wǒ xǐhuan qiūjì lǚyóu.
我喜欢秋季旅游。
I like traveling in autumn.

● 地球 [dìqiú] **earth**

Wǒ shēnghuó zài dìqiú shang.
我生活在地球上。
I live on the earth.

● 冬季 [dōngjì] **winter**

Wǒ xǐhuan dōngjì duī xuěrén.
我喜欢冬季堆雪人。
I like making snowman in winter.

● 星星 [xīngxing] **star**

Wǒ xǐhuan xīngxing.
我喜欢星星。
I like the stars.

● 太阳 [tàiyáng] **sun**

Wǒ néng kàndào tàiyáng.
我能看到太阳。
I can see the sun.

● 月亮 [yuèliang] **moon**

Wǒ xīwàng yuèliang shì yuán de.
我希望月亮是圆的。
I wish the moon was round.

第07章 晚上篇

1	Wǒ xǐzǎo . 我洗澡。	I take a shower.
2	Wǒ xǐ tóu . 我洗头。	I wash my hair.
3	Wǒ chuīgān tóufa . 我吹干头发。	I blow dry my hair.
4	Wǒ kàn diànshì . 我看电视。	I watch TV.
5	Wǒ tuōxià xiézi . 我脱下鞋子。	I take off my shoes.
6	Wǒ kāi kōngtiáo . 我开空调。	I turn on the air conditioner.
7	Wǒ tǎng zài shāfā shang . 我躺在沙发上。	I lay on the sofa.
8	Wǒ shǔ xīngxing . 我数星星。	I count stars.
9	Wǒ kàn yuèliang . 我看月亮。	I look at the moon.
10	Wǒ shèdìng nàozhōng . 我设定闹钟。	I set the alarm clock.
11	Wǒ guān dēng . 我关灯。	I turn off the lights.
12	Wǒ shuìjiào . 我睡觉。	I sleep.

1 我洗澡。I take a shower.
Wǒ xǐzǎo .

沐浴液放在哪里了?
Mùyùyè fàng zài nǎli le ?
Where is my body wash?

水太凉了。
Shuǐ tài liáng le .
The water is too cold.

2 我洗头。I wash my hair.
Wǒ xǐ tóu .

我喜欢用依子芳香洗发水。
Wǒ xǐhuan yòng Yīzǐ fāngxiāng xǐfàshuǐ .
I like to use Aroma Yizi shampoo.

听说是加了精油护发素的。
Tīngshuō shì jiāle jīngyóu hùfàsù de .
I hear that it contains essential oil conditioning agents.

3 我吹干头发。I blow dry my hair.
Wǒ chuīgān tóufa .

要一个什么样的发型呢?
Yào yí gè shénmeyàng de fàxíng ne ?
What hair style should I have?

让我想一想。
Ràng wǒ xiǎngyixiǎng .
Let me think.

4 我看电视。I watch TV.
Wǒ kàn diànshì .

今天的电视节目太无聊了。
Jīntiān de diànshì jiémù tài wúliáo le .
Today's TV programs are so boring.

全部都是广告呀。
Quánbù dōu shì guǎnggào ya .
All of them are advertisement.

第07章 晚上篇

61

第07章 晚上篇

Wǒ tuōxià xiézi
⑤ 我脱下鞋子。 I take off my shoes.

Míngtiān qù mǎi yì shuāng liángxié ba .
明天去买一 双 凉鞋吧。
I will buy a pair of sandals tomorrow.

Tiānqì tài rè le
天气太热了。
It is so hot.

Wǒ kāi kōngtiáo .
⑥ 我开空调。 I turn on the air conditioner.

Zhège kōngtiáo de shēngyin zěnme zhème dà ?
这个空调的声音怎么这么大?
Why is this air conditioner so loud?

Yào zhǔnbèi xiū yíxià
要准备修一下。
I am going to have it repaired.

Wǒ tǎng zài shāfā shang .
⑦ 我躺在沙发上。 I lay on the sofa.

Zhège shāfādiàn hěnruǎn .
这个沙发垫很软。
This sofa cushion is so soft.

Gǎnjué zhēn shūfu .
感觉真舒服。
It feels comfortable.

Wǒ shǔ xīngxing .
⑧ 我数星星。 I count stars.

Yǔzhòu zhēn dà .
宇宙真大。
The universe is huge.

Dìqiú shì yuán de ma ?
地球是圆的吗?
Is the earth round?

62

⑨ Wǒ kàn yuèliang .

我看月亮。I look at the moon.

Jīn wǎn de yuèliang hěn yuán .

今晚的月亮很圆。
The moon today is round.

Shénme shíhou wǒ néng dēngshàng yuèqiú ne ?

什么时候我能 登上月球呢?
When will I land on the moon?

⑩ Wǒ shèdìng nàozhōng .

我设定闹钟。I set the alarm clock.

Zhège nàozhōng de shēngyīn zhēn nántīng .

这个闹钟的声音 真难听。
The alarm sounds unpleasant.

Tiáodào míngtiān zǎoshang liù diǎn ba .

调到明天早上六点吧。
I set the alarm for 6:00 am tomorrow.

⑪ Wǒ guān dēng .

我关灯。I turn off the lights.

Zhōuwéi quán hēi le .

周围全黑了。
It is dark all around.

Zhǎo bú dào shǒudiàntǒng .

找不到手电筒。
I can't find the flashlight.

⑫ Wǒ shuìjiào .

我睡觉。I sleep.

Xīwàng néng zuò gè hǎo mèng .

希望能做个好 梦。
I hope that I have a nice dream.

Míngtiān zǎoshang yào zǎo diǎn qǐchuáng .

明天早上要早点起床。
I will get up early tomorrow morning.

学习目标：

* 掌握周末篇的常用词汇。
* 熟练背诵周末篇的**12**个句子，并能运用于日常生活当中。
* 了解中文句型的基本结构。
* 鼓励学生大胆谈论自己的周末。

Goals:

* To learn the vocabulary of this chapter.
* To learn and use the 12 sentence structures introduced in this chapter.
* To learn the basic structure of Chinese sentence patterns.
* To encourage students to talk about their own activities on weekends in Chinese.

周末篇
At weekends

周末篇
At weekends

超级单词 SUPER WORDS

宠物词汇 Pets

  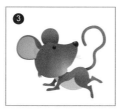 

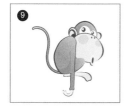   

❶ 狗 gǒu dog	❷ 猫 māo cat	❸ 老鼠 lǎoshǔ mouse
❹ 兔子 tùzi rabbit	❺ 乌龟 wūguī turtle	❻ 鸟 niǎo bird
❼ 鸽子 gēzi dove	❽ 猪 zhū pig	❾ 猴子 hóuzi monkey
❿ 鱼 yú fish	⓫ 羊 yáng sheep	⓬ 马 mǎ horse

● 狗 [gǒu] **dog**

Wǒ yǎngle yì zhī gǒu .
我养了一只狗。
I keep a dog.

● 兔子 [tùzi] **rabbit**

Wǒ yǒu liǎng zhī tùzi .
我有两只兔子。
I have two rabbits.

● 猫 [māo] **cat**

Wǒ de māo zài zhuō lǎoshǔ .
我的猫在捉老鼠。
My cat is catching mice.

● 乌龟 [wūguī] **turtle**

Wǒ mǎile yì zhī wūguī .
我买了一只乌龟。
I bought a turtle.

● 老鼠 [lǎoshǔ] **mouse**

Wǒ kànjiàn lǎoshǔ táopǎo le .
我看见老鼠逃跑了。
I see the mouse has run away.

● 鸟 [niǎo] **bird**

Wǒ bǎ niǎo zhuāngjìn lóngzi li .
我把鸟装进笼子里。
I put the bird in the cage.

● 鸽子 [gēzi] **dove**

Wǒ bǎ gēzi fàngzǒu le .
我把鸽子放走了。
I set the dove free.

● 羊 [yáng] **sheep**

Wǒ xǐhuan yáng .
我喜欢羊。
I like sheep.

● 猪 [zhū] **pig**

Wǒ wèi zhū .
我喂猪。
I feed the pig.

● 猴子 [hóuzi] **monkey**

Wǒ gěi hóuzi zhàoxiàng.
我给猴子照相。
I take photos of the monkey.

● 马 [mǎ] **horse**

Wǒ yǒu sān pǐ mǎ .
我有三匹马。
I have three horses.

● 鱼 [yú] **fish**

Wǒ zài chítáng li yǎng yú .
我在池塘里养鱼。
I keep fishes in the pond.

第08章 周末篇

1 Wǒ guàng shāngdiàn .
我 逛 商店。
I go shopping.

2 Wǒ mǎi wánjù .
我买玩具。
I buy toys.

3 Wǒ qù kàn diànyǐng .
我去看电影。
I go to the movies.

4 Wǒ guàng gōngyuán .
我 逛 公园。
I take a walk in the park.

5 Wǒ chákàn xìnxiāng .
我查看信箱。
I check my mailbox.

6 Wǒ yóujì xìnjiàn .
我邮寄信件。
I mail a letter.

7 Wǒ shǔ qián .
我数钱。
I count my money.

8 Wǒ tiē yóupiào .
我贴邮票。
I put on a stamp.

9 Wǒ qí zìxíngchē .
我骑自行车。
I ride my bicycle.

10 Wǒ dǎsǎo fángjiān .
我打扫房间。
I clean the house.

11 Wǒ xǐ yīfu .
我洗衣服。
I wash the cloth.

12 Wǒ zuò " Yǔgǎn Zhōngwén " liànxí .
我做《语感中文》练习。
I do *Newabc Chinese* exercises.

① Wǒ guàng shāngdiàn.
我 逛 商店。 I go shopping.

Shāngdiàn de gùkè hěn duō.
商 店 的 顾 客 很 多。
There are a lot of customers in the shop.

Wǒ méiyǒu zhǎodào yào mǎi de dōngxi.
我 没 有 找 到 要 买 的 东 西。
I haven't found what I would like to buy.

② Wǒ mǎi wánjù.
我买玩具。 I buy toys.

Zhège wánjù kěyǐ mófǎng zhēnrén shuōhuà.
这 个 玩 具 可 以 模 仿 真 人 说 话。
This toy can imitate human speech.

Zhèyàng wǒ jiù bù gūdú le.
这 样 我 就 不 孤 独 了。
I won't be lonely with this toy.

③ Wǒ qù kàn diànyǐng.
我去看电影。 I go to the movies.

Diànyǐng yǐjing kāishǐ le.
电 影 已 经 开 始 了。
The movie has already begun.

Wǒ chídào le.
我 迟 到 了。
I am late.

④ Wǒ guàng gōngyuán.
我 逛 公园。 I take a walk in the park.

Gōngyuán lǐmiàn yǒu hěn duō huā.
公 园 里 面 有 很 多 花。
There are many flowers in the park.

Wǒ xiān pāi jǐ zhāng zhàopiàn.
我 先 拍 几 张 照 片。
I take several photos first.

Wǒ chákàn xìnxiāng .
❺ 我查看信箱。 I check my mailbox.

Jīntiān méiyǒu xìn .
今天没有信。
There is no mail today.

Yínháng zhàngdān hái méiyǒu jìdào .
银行账单还没有寄到。
The bank statement has not arrived yet.

Wǒ yóujì xìnjiàn .
❻ 我邮寄信件。 I mail a letter.

Wǒ xiěle yì fēng xìn gěi Yīzǐ fāngxiāng xiǎojiě .
我写了一封信给依子芳香小姐。
I wrote a letter to Miss Aroma Yizi.

Bù zhīdào tā shōudàole méiyǒu .
不知道她收到了没有。
I wonder if she has received it.

Wǒ shǔ qián .
❼ 我数钱。 I count my money.

Zhè dài qián měi zhāng dōu shì yìbǎi yuán de .
这袋钱每张都是100元的。
The notes in this wallet are all 100 yuan in value.

Búyào shōudào jiǎchāo .
不要收到假钞。
Avoid receiving any forged notes.

Wǒ tiē yóupiào .
❽ 我贴邮票。 I put on a stamp.

Zhè zhāng yóupiào hěn piàoliang .
这张邮票很漂亮。
This stamp is very beautiful.

Wǒ xǐhuan jíyóu .
我喜欢集邮。
I like collecting stamps.

⑨ Wǒ qí zìxíngchē.
我骑自行车。 I ride my bicycle.

Zhè liàng zìxíngchē shì xīn mǎi de.
这辆自行车是新买的。
This bicycle is newly purchased.

Hěn piàoliang.
很漂亮。
It is very pretty.

⑩ Wǒ dǎsǎo fángjiān.
我打扫房间。 I clean the house.

Fángjiān tài dà le.
房间太大了。
The room is too large.

Gǎnjué hěn nán qīnglǐ.
感觉很难清理。
I feel it will be difficult to clean.

⑪ Wǒ xǐ yīfu.
我洗衣服。 I wash the cloth.

Méiyǒu shàiyījià le.
没有晒衣架了。
There is no drying rack.

Yīfu yào guà zài nǎli liànggān ne?
衣服要挂在哪里晾干呢?
Where can I hang the clothes to dry?

⑫ Wǒ zuò "Yǔgǎn Zhōngwén" liànxí.
我做《语感中文》练习。 I do *Newabc Chinese* exercises.

Méi xiǎngdào zuìjìn de jìnbù zhème dà.
没想到最近的进步这么大。
I never imagined that I would make so much
progress recently.

"Yǔgǎn Zhōngwén" sùchéng xùnliàn tǐng yǒuxiào de.
"语感中文"速成训练挺有效的。
The training provided by *Newabc Chinese* is
effective.

第 **09** 章

学习目标：

* 掌握教室篇的常用词汇。

* 熟练背诵教室篇的**12**个句子，并能运用于日常生活当中。

* 了解中文句型的基本结构。

* 鼓励学生互相介绍自己在教室的活动。

Goals:

* To learn the vocabulary of this chapter.

* To learn and use the 12 sentence structures introduced in this chapter.

* To learn the basic structure of Chinese sentence patterns.

* To encourage students to talk about their classroom activities in Chinese.

第09章　教室篇

教室篇

In the classroom

超级单词 SUPER WORDS

星期词汇 Weekdays

1　xīngqīyī 星期一 Monday　　2　xīngqī'èr 星期二 Tuesday　　3　xīngqīsān 星期三 Wednesday

4　xīngqīsì 星期四 Thursday　　5　xīngqīwǔ 星期五 Friday　　6　xīngqīliù 星期六 Saturday

7　xīngqītiān 星期天 Sunday　　8　zuótiān 昨天 yesterday　　9　jīntiān 今天 today

10　míngtiān 明天 tomorrow　　11　qiántiān 前天 the day before yesterday

12　hòutiān 后天 the day after tomorrow

第09章 教室篇

● 星期一 [xīngqīyī] **Monday**

Wǒ xīngqīyī yǒu dìlǐkè
我星期一有地理课。
I have geography class on Monday.

● 星期四 [xīngqīsì] **Thursday**

Wǒ xīngqīsì yǒu huàxuékè
我星期四有化学课。
I have chemistry class on Thursday.

● 星期二 [xīngqī'èr] **Tuesday**

Wǒ xīngqī'èr yǒu shùxuékè
我星期二有数学课。
I have mathematics class on Tuesday.

● 星期五 [xīngqīwǔ] **Friday**

Wǒ xīngqīwǔ yǒu lìshǐkè
我星期五有历史课。
I have history class on Friday.

● 星期三 [xīngqīsān] **Wednesday**

Wǒ xīngqīsān yǒu wùlǐkè
我星期三有物理课。
I have physics class on Wednesday.

● 星期六 [xīngqīliù] **Saturday**

Wǒ xīngqīliù qù péixùn xuéxiào
我星期六去培训学校。
I go to training school on Saturday.

● 星期天 [xīngqītiān] **Sunday**

Wǒ xīngqītiān qù gòuwù .
我星期天去购物。
I go shopping on Sunday.

● 明天 [míngtiān] **tomorrow**

Wǒ míngtiān yào chūchāi .
我明天要出差。
I will have a business trip tomorrow.

● 昨天 [zuótiān] **yesterday**

Wǒ zuótiān hěn máng.
我昨天很忙。
I was busy yesterday.

● 前天 [qiántiān]
the day before yesterday

Wǒ qiántiān jiànguo tā .
我前天见过他。
I met him the day before yesterday.

● 今天 [jīntiān] **today**

Wǒ jīntiān hěn qīngxián .
我今天很清闲。
I am free today.

● 后天 [hòutiān]
the day after tomorrow

Wǒ hòutiān xiǎng yuē tā .
我后天想约他。
I want to make an appointment with
him the day after tomorrow.

第09章 教室篇

Wǒ zhàn qǐlái .
1 我站起来。 　　I stand up.

Wǒ zuòxià .
2 我坐下。 　　I sit down.

Wǒ jǔ shǒu .
3 我举手。 　　I raise my hand.

Wǒ yǔ lǎoshī tánhuà .
4 我与老师谈话。 　　I talk to the teacher.

Wǒ zài hēibǎn shang xiě zì .
5 我在黑板上写字。 　　I write on the board.

Wǒ zhàn zài jiǎngtái qián .
6 我站在讲台前。 　　I stand in front of the platform.

Wǒ zhǐxiàng hēibǎn .
7 我指向黑板。 　　I point to the board.

Wǒ náchū bǐ .
8 我拿出笔。 　　I take out my pen.

Wǒ shōuhǎo bǐ .
9 我收好笔。 　　I put my pen away.

Wǒ dǎkāi shūběn .
10 我打开书本。 　　I open my book.

Wǒ héshàng shūběn .
11 我合上书本。 　　I close my book.

Wǒ tīng shōuyīnjī
12 我听收音机。 　　I listen to the radio.

① Wǒ zhàn qǐlái .
我站起来。 I stand up.

Zuòwèi zhī jiān tài zhǎi le .
座位之间太窄了。
The space between the seats is too narrow.

Jiǎngtái qián hěn kuānchang .
讲台前很宽敞。
It is spacious in front of the platform.

② Wǒ zuòxià .
我坐下。 I sit down.

Rúguǒ zhè shì yì zhāng shāfā jiù hǎo le .
如果这是一张沙发就好了。
It would be wonderful if this was a sofa.

Dèngzi tài ǎi le .
凳子太矮了。
The stool is too short.

③ Wǒ jǔ shǒu .
我举手。 I raise my hand.

Wǒ zhēn xīwàng ràng lǎoshī kàndào wǒ .
我真希望让老师看到我。
I really hope the teacher finds me.

Jiù ràng wǒ huídá ba .
就让我回答吧。
Let me answer this.

④ Wǒ yǔ lǎoshī tánhuà .
我与老师谈话。 I talk to the teacher.

Měi cì dōu gǎnjué hěn jǐnzhāng .
每次都感觉很紧张。
I am nervous every time.

Bù néng zài ái pīpíng le .
不能再挨批评了。
I can't be criticized any more.

第09章 教室篇

❺ Wǒ zài hēibǎn shang xiě zì .
我在黑板上写字。I write on the board.

🔊 Wèishénme tāmen bù chēngzàn wǒ ne ?
为什么他们不称赞我呢？
Why don't they praise me?

🔊 Nándào wǒ bú xiàng lǎoshī ma ?
难道我不像老师吗？
Don't I look like the teacher?

❻ Wǒ zhàn zài jiǎngtái qián .
我站在讲台前。I stand in front of the platform.

🔊 Lǎoshī ràng wǒ fāyán .
老师让我发言。
The teacher asks me to speak.

🔊 Wǒ gǎnjué yǒudiǎn nánwéiqíng .
我感觉有点难为情。
I feel a bit embarrassed.

❼ Wǒ zhǐxiàng hēibǎn .
我指向黑板。I point to the board.

🔊 Wǒ zhēn xǐhuan dāng lǎoshī de gǎnjué .
我真喜欢当老师的感觉。
I really like the feeling of being a teacher.

🔊 Tóngxuémen dōu zài tīng wǒ fāyán .
同学们都在听我发言。
All my classmates are listening to me.

❽ Wǒ náchū bǐ .
我拿出笔。I take out my pen.

🔊 Zhè zhī qiānbǐ zhēn piàoliang .
这支铅笔真漂亮。
This pencil is really pretty.

🔊 Shì Shèngdàn Jié péngyou sòng de .
是圣诞节朋友送的。
This is a Christmas gift from a friend.

⑨ Wǒ shōuhǎo bǐ .
我收好笔。 I put my pen away.

Búyào ràng tóngxué kànjiàn .
不要让同学看见。
I won't let my other classmates see it.

Miǎnde yòu bèi qiǎngzǒu .
免得又被抢走。
So that it won't be snatched.

⑩ Wǒ dǎkāi shūběn .
我打开书本。 I open my book.

Jīntiān hái méiyǒu fùxí .
今天还没有复习。
I haven't reviewed the lessons today.

Zhēn hàipà lǎoshī tíwèn .
真害怕老师提问。
I am afraid that the teacher will ask me questions.

⑪ Wǒ héshàng shūběn .
我合上书本。 I close my book.

Xīwàng jīntiān néng tōngguò kǎoshì .
希望今天能 通过考试。
I hope I can pass the exam today.

Zhè yí kè wǒ yǐjīng bèi xiàlái le .
这一课我已经背下来了。
I have memorized this lesson.

⑫ Wǒ tīng shōuyīnjī .
我听收音机。 I listen to the radio.

Wǒ jiānchí měi tiān shōutīng wàiyǔ xīnwén .
我坚持每 天 收听外语新闻。
I insist on listening to the news in foreign
languages every day.

Bōyīnyuán de gōngzuò hěn yǒu xīyǐnlì .
播音员的工作 很有吸引力。
Working as a broadcaster is very attractive to me.

学习目标：

* 掌握学习篇的常用词汇。
* 熟练背诵学习篇的**12**个句子，并能运用于日常生活当中。
* 了解中文句型的基本结构。
* 鼓励学生大胆谈论自己的学习情况。

Goals:

* To learn the vocabulary of this chapter.
* To learn and use the 12 sentence structures introduced in this chapter.
* To learn the basic structure of Chinese sentence patterns.
* To encourage students to talk about their studies in Chinese.

学习篇
Studies

超级单词 SUPER WORDS

水果词汇 Fruits

xiāngjiāo
❶ 香蕉 banana

píngguǒ
❷ 苹果 apple

pútáo
❸ 葡萄 grape

xīguā
❹ 西瓜 watermelon

mángguǒ
❺ 芒果 mango

bōluó
❻ 菠萝 pineapple

chéngzi
❼ 橙子 orange

níngméng
❽ 柠檬 lemon

táozi
❾ 桃子 peach

lízi
❿ 梨子 pear

hāmìguā
⓫ 哈密瓜 honeydew

lǐzi
⓬ 李子 plum

第10章 学习篇

● 香蕉 [xiāngjiāo] banana

Wǒ mǎile yì bǎ xiāngjiāo.
我买了一把香蕉。
I bought a bunch of bananas.

● 西瓜 [xīguā] watermelon

Wǒ chī xīguā.
我吃西瓜。
I eat watermelon.

● 苹果 [píngguǒ] apple

Wǒ xǐ píngguǒ.
我洗苹果。
I wash apples.

● 芒果 [mángguǒ] mango

Wǒ qiē mángguǒ.
我切芒果。
I cut the mango.

● 葡萄 [pútáo] grape

Wǒ zhòng pútáo.
我种葡萄。
I grow grapes.

● 菠萝 [bōluó] pineapple

Wǒ xiāo bōluó.
我削菠萝。
I peel the pineapple.

● 橙子 [chéngzi] **orange**

Wǒ bāo chéngzi .
我剥橙子。
I peel the orange.

● 梨子 [lízi] **pear**

Wǒ mǎile hěn duō lízi
我买了很多梨子。
I bought a lot of pears.

● 柠檬 [níngméng] **lemon**

Wǒ fàngle yí piàn níngméng .
我放了一片柠檬。
I have a slice of lemon.

● 哈密瓜 [hāmìguā] **honeydew**

Wǒ gǎnjué hāmìguā hěn tián .
我感觉哈密瓜很甜。
I think honeydew is sweet.

● 桃子 [táozi] **peach**

Wǒ xǐhuan chī táozi .
我喜欢吃桃子。
I like eating peaches.

● 李子 [lǐzi] **plum**

Wǒ gǎnjué lǐzi hěn suān .
我感觉李子很酸。
I think the plums are sour.

Wǒ dú Hànzì .
1 我读汉字。   I read the word.

Wǒ niànchū Hànzì .
2 我念出汉字。   I say the word.

Wǒ zài niàn yí biàn Hànzì .
3 我再念一遍汉字。   I repeat the word.

Wǒ chá shēngcí .
4 我查生词。   I look up the word.

Wǒ chāoxiě Hànzì .
5 我抄写汉字。   I copy the word.

Wǒ wèn wèntí .
6 我问问题。   I ask a question.

Wǒ huídá wèntí .
7 我回答问题。   I answer a question.

Wǒ huà túhuà .
8 我画图画。   I draw a picture.

Wǒ yǔ biéren gòngyòng shūběn .
9 我与别人共用书本。   I share the book with others.

Wǒ bāngzhù tóngxué .
10 我帮助同学。   I help my classmate.

Wǒ gēngzhèng cuòwù .
11 我更正错误。   I correct a mistake.

Wǒ tīngxiě jùzi .
12 我听写句子。   I take dictation of a sentence.

第10章 学习篇

Wǒ dú Hànzì .
1 我读汉字。 I read the word.

Zhège zì de fāyīn tài nán le .
这个字的发音太难了。
The pronunciation of this word is too difficult.

Wǒ zǒngshì xué bú huì .
我总是学不会。
I can never learn it .

Wǒ niànchū Hànzì .
2 我念出汉字。 I say the word.

Jiāqiáng fāyīn yǒuzhùyú wàiyǔ xuéxí .
加强发音有助于外语学习。
Emphasizing pronunciation is helpful when learning
foreign languages.

Huì shuō mǔyǔ jiù néng xuéhuì wàiyǔ .
会说母语就能学会外语。
You can speak foreign languages if you can speak your
native language.

Wǒ zài niàn yí biàn Hànzì .
3 我再念一遍汉字。 I repeat the word.

Wàiyǔ xuéxí xūyào duō mófǎng .
外语学习需要多模仿。
Learning foreign languages requires imitation often.

Wǒ yídìng huì chénggōng de .
我一定会成功的。
I can be successful.

Wǒ chá shēngcí .
4 我查生词。 I look up the word.

Wǒ bù dǒng jiù wèn .
我不懂就问。
I ask questions when I don't know what something is.

Wǒ yào chéngwéi yí gè ài xuéxí de hǎo xuésheng .
我要成为一个爱学习的好学生。
I want to be a good student who loves learning.

第10章 学习篇

⑤ Wǒ chāoxiě Hànzì
我抄写汉字。I copy the word.

🔊 Chóngfù néng jiāqiáng jìyì
重复 能 加强记忆。
Repetition can strengthen memory.

🔊 Hěn kuài jiù néng jìzhù
很快就能记住。
You can remember this very quickly.

⑥ Wǒ wèn wèntí
我问问题。I ask a question.

🔊 Zhège wèntí wǒ háishi méiyǒu nòng qīngchu
这个问题我还是没有弄清楚。
I still haven't figured out this question.

🔊 Néng chóngxīn shuō yí biàn ma?
能 重新 说一遍吗?
Could you repeat it?

⑦ Wǒ huídá wèntí
我回答问题。I answer a question.

🔊 Shuōhuà de shēngyīn yào dà
说话的声音要大。
Your voice should be loud when you speak.

🔊 Ràng dàjiā dōu néng tīngdào
让大家都能听到。
So other people can hear you.

⑧ Wǒ huà túhuà
我画图画。I draw a picture.

🔊 Yánsè tài qiǎn le
颜色太浅了。
The color is too light.

🔊 Rúguǒ zài shēn yìdiǎn jiù gèng hǎo le
如果再深一点就更好了。
It would be better if it was darker.

9 Wǒ yǔ biéren gòngyòng shūběn.
我与别人共用书本。 I share the book with others.

Jīntiān wàngji dài shū le.
今天忘记带书了。
I forget to bring books with me.

Hái hǎo yǒu zhème duō tóngxué.
还好有这么多同学。
Luckily I have so many classmates.

10 Wǒ bāngzhù tóngxué.
我帮助同学。 I help my classmate.

Zhège shìjiè shang yǒu hěn duō rén xūyào bāngzhù.
这个世界上 有很多人需要帮助。
There are many people in need of help in the world.

Wǒmen yào yǒu yì kē shànliáng de xīn.
我们要有一颗善良的心。
We all should have kind hearts.

11 Wǒ gēngzhèng cuòwù.
我更正错误。 I correct a mistake.

Yǐhòu yào gèng xìxīn.
以后要更细心。
Be careful in the future.

Bù néng zài chū cuò le.
不能再出错了。
Don't make mistakes any more.

12 Wǒ tīngxiě jùzi.
我听写句子。 I take dictation of a sentence.

Zhège jùzi hěn nán.
这个句子很难。
This sentence is very difficult.

Wǒ méiyǒu tīngdǒng.
我没有听懂。
I don't understand it.

第11章

学习目标：

* 掌握考试篇的常用词汇。
* 熟练背诵考试篇的12个句子，并能运用于日常生活当中。
* 了解中文句型的基本结构。
* 鼓励学生谈论自己对考试的看法及某次考试经历。

Goals:

* To learn the vocabulary of this chapter.
* To learn and use the 12 sentence structures introduced in this chapter.
* To learn the basic structure of Chinese sentence patterns.
* To encourage students to share their opinions about examinations and talk about their examination experiences in Chinese.

考试篇
Exams

考试篇
Exams

超级单词 SUPER WORDS

心情词汇 Mood

❶ gāoxìng 高兴 happy	❷ bēishāng 悲伤 sad	❸ qīngsōng 轻松 relaxed
❹ jǐnzhāng 紧张 nervous	❺ píngjìng 平静 calm	❻ shēngqì 生气 angry
❼ è 饿 hungry	❽ kě 渴 thirsty	❾ lèi 累 tired
❿ jīngyà 惊讶 surprised	⓫ gūdú 孤独 lonely	⓬ xìngyùn 幸运 lucky

● **高兴** [gāoxìng] **happy**

Wǒ fēicháng gāoxìng .
我非常高兴。
I am very happy.

● **紧张** [jǐnzhāng] **nervous**

Wǒ yǒudiǎn jǐnzhāng .
我有点紧张。
I feel a little nervous.

● **悲伤** [bēishāng] **sad**

Wǒ hěn bēishāng .
我很悲伤。
I am very sad.

● **平静** [píngjìng] **calm**

Wǒ hěn píngjìng .
我很平静。
I am quite calm.

● **轻松** [qīngsōng] **relaxed**

Wǒ gǎnjué qīngsōng .
我感觉轻松。
I feel relaxed.

● **生气** [shēngqì] **angry**

Wǒ shēngqì le .
我生气了。
I am angry.

● 饿 [è] **hungry**

Wǒ è le .
我饿了。
I am hungry.

● 惊讶 [jīngyà] **surprised**

Wǒ hěn jīngyà .
我很惊讶。
I am so surprised.

● 渴 [kě] **thirsty**

Wǒ kě le .
我渴了。
I am thirsty.

● 孤独 [gūdú] **lonely**

Wǒ gǎnjué gūdú .
我感觉孤独。
I feel lonely.

● 累 [lèi] **tired**

Wǒ lèi le .
我累了。
I am tired.

● 幸运 [xìngyùn] **lucky**

Wǒ hěn xìngyùn .
我很幸运。
I am very lucky.

1 Wǒ cānjiā kǎoshì .
我参加考试。 I take a test.

2 Wǒ xiěxià míngzi .
我写下名字。 I write down my name.

3 Wǒ tián kòng .
我填空。 I fill in the blanks.

4 Wǒ zài dá'ànzhǐ shang huà dá'àn
我在答案纸上画答案。 I mark the answer sheet.

5 Wǒ quānxuǎn dá'àn
我圈选答案。 I circle the answer.

6 Wǒ zài zì xià huà xiàn .
我在字下画线。 I underline the word.

7 Wǒ jiǎnchá jiéguǒ
我检查结果。 I check my work.

8 Wǒ jiāo shìjuàn .
我交试卷。 I hand in my paper.

9 Wǒ tōngguò kǎoshì .
我通过考试。 I pass a test.

10 Wǒ kǎoshì bù jígé .
我考试不及格。 I fail a test.

11 Wǒ zhǔnbèi kǎoshì .
我准备考试。 I study for a test.

12 Wǒ bù néng kǎoshì zuòbì
我不能考试作弊。 I can't cheat on a test.

1 我参加考试。I take a test.
Wǒ cānjiā kǎoshì.

昨晚我已经复习好了。
Zuówǎn wǒ yǐjīng fùxí hǎo le.
I already prepared for the test last night.

感觉很有信心。
Gǎnjué hěn yǒu xìnxīn.
I feel confident.

2 我写下名字。I write down my name.
Wǒ xiěxià míngzi.

我的名字在试卷的最上方。
Wǒ de míngzi zài shìjuàn de zuì shàngfāng.
My name is at the top of the examination paper.

老师能清楚地看见。
Lǎoshī néng qīngchu de kànjiàn.
The teacher can see it clearly.

3 我填空。I fill in the blanks.
Wǒ tián kòng.

这个空隙太小了。
Zhège kòngxì tài xiǎo le.
The space is too small.

我几乎写不下。
Wǒ jīhū xiě bú xià.
I almost can't fill it in.

4 我在答案纸上画答案。I mark the answer sheet.
Wǒ zài dá'ànzhǐ shang huà dá'àn.

这是用电脑评分的试卷。
Zhè shì yòng diànnǎo píngfēn de shìjuàn.
The examination paper is scored by computer.

要仔细地用铅笔填黑。
Yào zǐxì de yòng qiānbǐ tián hēi.
I need to be careful to mark the answer in black with a pencil.

第11章 考试篇

❺ Wǒ quānxuǎn dá'àn
我圈选答案。 I circle the answer.

Zhēn xīwàng shì zhè yí gè.
真希望是这一个。
I really hope this is the right answer.

Méiyǒu xuǎncuò.
没有选错。
It is not the wrong one.

❻ Wǒ zài zì xià huà xiàn.
我在字下画线。 I underline the word.

Zhège zì wǒ bú rènshi.
这个字我不认识。
I don't know this word.

Bǎ tā biāozhù yíxià.
把它标注一下。
I mark it.

❼ Wǒ jiǎnchá jiéguǒ.
我检查结果。 I check my work.

Xīwàng zhè cì néng dé mǎnfēn.
希望这次能得满分。
I hope I can get full marks this time.

Wǒ zhēnde hěn yǒu xìnxīn yo.
我真的很有信心哟。
I do feel confident.

❽ Wǒ jiāo shìjuàn.
我交试卷。 I hand in my paper.

Lǎoshī wēixiào de kànzhe wǒ.
老师微笑地看着我。
The teacher looks at me with smile.

Wǒ shì yì míng hǎoxuésheng.
我是一名好学生。
I am a good student.

⑨ Wǒ tōngguò kǎoshì.
我通过考试。**I pass a test.**

Kǎoshì chéngjì zǒngsuàn chūlái le.
考试成绩总算出来了。
The scores finally come out.

Wǒ zài bān shang páidàole qián sān míng.
我在班上排到了前三名。
I rank in the top three of my class.

⑩ Wǒ kǎoshì bù jígé.
我考试不及格。**I fail a test.**

Měi cì dōushì tǐyùkè bù dábiāo.
每次都是体育课不达标。
I fail physical education every time.

Yǐhòu yào jiāqiáng duànliàn.
以后要加强锻炼。
I should exercise more in the future.

⑪ Wǒ zhǔnbèi kǎoshì.
我准备考试。**I study for a test.**

Yòu yào jìnxíng xià yì mén kǎoshì le.
又要进行下一门考试了。
The next test is coming.

Zhǔnbèi jiāyóu ba!
准备加油吧!
I shall strive to improve!

⑫ Wǒ bù néng kǎoshì zuòbì.
我不能考试作弊。**I can't cheat on a test.**

Wǒmen xuéxiào yǒu xīn guīdìng.
我们学校有新规定。
There is a new rule in my school.

Fánshì kǎoshì zuòbì de xuésheng dōu yào bèi kāichú.
凡是考试作弊的学生都要被开除。
The students caught cheating in exams shall be expelled.

学习目标：

* 掌握交通篇的常用词汇。

* 熟练背诵交通篇的**12**个句子，并能运用于日常
   生活当中。

* 了解中文句型的基本结构。

* 鼓励学生谈论自己的一次旅游经历。

Goals:

* To learn the vocabulary of this chapter.

* To learn and use the 12 sentence structures
   introduced in this chapter.

* To learn the basic structure of Chinese sentence
   patterns.

* To encourage students to talk about their travel
   experiences in Chinese.

交通篇
Traffic

交通篇
Traffic

超级单词 SUPER WORDS

地图词汇 Map

❶ dìtú 地图 map	❷ dǎoyóu 导游 tour guide	❸ Yàzhōu 亚洲 Asia
❹ Ōuzhōu 欧洲 Europe	❺ Běiměizhōu 北美洲 North America	❻ Nánměizhōu 南美洲 South America
❼ Fēizhōu 非洲 Africa	❽ Dàyángzhōu 大洋洲 Oceania	❾ Nánjízhōu 南极洲 Antarctica
❿ yǔzhòu 宇宙 universe	⓫ lùdì 陆地 land	⓬ hǎiyáng 海洋 ocean

● 地图 [dìtú] **map**

Wǒ mǎile yì zhāng dìtú .
我买了一张 地图。
I bought a map.

● 欧洲 [Ōuzhōu] **Europe**

Wǒ qù Ōuzhōu gōngzuò .
我去欧洲工作。
I go to Europe for work.

● 导游 [dǎoyóu] **tour guide**

Wǒ gēnzhe dǎoyóu .
我跟着 导游。
I follow the tour guide.

● 北美洲 [Běiměizhōu]
North America

Wǒ zhù zài Běiměizhōu .
我住在北美洲。
I live in North America.

● 亚洲 [Yàzhōu] **Asia**

Wǒ zài Yàzhōu tànqīn .
我在 亚洲探亲。
I visit my family in Asia.

● 南美洲 [Nánměizhōu]
South America

Wǒ qùguo Nánměizhōu .
我去过 南美洲。
I have been to South America.

● 非洲 [Fēizhōu] **Africa**

Wǒ qù Fēizhōu xuéxí .
我去非洲学习。
I go to study in Africa.

● 宇宙 [yǔzhòu] **universe**

Wǒ gǎnjué yǔzhòu hěn qímiào .
我感觉宇宙很奇妙。
I think the universe is so wonderful.

● 大洋洲 [Dàyángzhōu] **Oceania**

Wǒ qù Dàyángzhōu lǚyóu
我去大洋洲旅游。
I go to Oceania for traveling.

● 陆地 [lùdì] **land**

Wǒ néng kànjiàn lùdì
我能看见陆地。
I can see the land.

● 南极洲 [Nánjízhōu] **Antarctica**

Wǒ qù Nánjízhōu tànxiǎn .
我去南极洲探险。
I go on an expedition to the Antarctic.

● 海洋 [hǎiyáng] **ocean**

Wǒ xǐhuan hǎiyáng
我喜欢海洋。
I like oceans.

第12章 · 交通篇

Wǒ nále yì zhāng dìtú .
① 我拿了一张地图。 I get a map.

Wǒ xūyào xiàngdǎo .
② 我需要向导。 I need a guide.

Wǒ yán jiē zǒu .
③ 我沿街走。 I walk down the street.

Wǒ chuānguo shízì lùkǒu .
④ 我穿过十字路口。 I cross the intersection.

Wǒ mílù le .
⑤ 我迷路了。 I get lost.

Wǒ xiàng zuǒ zhuǎn .
⑥ 我向左转。 I turn to the left.

Wǒ zhǎodàole fāngxiàng .
⑦ 我找到了方向。 I find the direction.

Wǒ jiào chūzūchē .
⑧ 我叫出租车。 I call a taxi.

Wǒ zhǎo qìchēzhàn .
⑨ 我找汽车站。 I look for the bus stop.

Wǒ wèn chēfèi .
⑩ 我问车费。 I ask the fare.

Wǒ shàng chē .
⑪ 我上车。 I get on the bus.

Wǒ fù chēfèi .
⑫ 我付车费。 I pay the fare.

Wǒ nále yì zhāng dìtú .
① 我拿了一张地图。I get a map.

Búyào mílù le .
不要迷路了。
Don't get lost.

Zhè zhāng dìtú hěn xiángxì .
这张地图很详细。
The map is very comprehensive.

Wǒ xūyào xiàngdǎo .
② 我需要向导。I need a guide.

Háishi búyào dàochù luàn zǒu .
还是不要到处乱走。
Don't wander off.

Zhège lǚyóu jǐngdiǎn tài dà le .
这个旅游景点太大了。
This tourist site is too large.

Wǒ yán jiē zǒu .
③ 我沿街走。I walk down the street.

Zhè tiáo jiē hěn yǒu tèdiǎn .
这条街很有特点。
This street is very special.

Shì zài shí nián qián xiūjiàn de .
是在10年前修建的。
It was built ten years ago.

Wǒ chuānguo shízì lùkǒu .
④ 我穿过十字路口。I cross the intersection.

Guò mǎlù yào xiǎoxīn .
过马路要小心。
Be careful when you cross the road.

Bù néng chuǎng hóngdēng .
不能闯红灯。
Don't go against any red lights.

第12章 交通篇

第12章 交通篇

❺ Wǒ mílù le.
我迷路了。I get lost.

Cóng nǎ tiáo lù huíqù ne?
从哪条路回去呢？
Which way should I go back?

Wǒ xiǎng bù qǐlái le.
我想不起来了。
I don't remember.

❻ Wǒ xiàng zuǒ zhuǎn.
我向左转。I turn to the left.

Zuǒbiān yǒu yì tiáo lù.
左边有一条路。
There is a road on the left side.

Kěnéng shì cóng zhèbiān zǒu.
可能是从这边走。
I should probably walk this way.

❼ Wǒ zhǎodàole fāngxiàng.
我找到了方向。I find the direction.

Tūrán fāxiànle nà tiáo jiē.
突然发现了那条街。
Suddenly I found the street.

Hǎo yǒu tèdiǎn de biāozhì ya.
好有特点的标志呀。
What a particular sign!

❽ Wǒ jiào chūzūchē.
我叫出租车。I call a taxi.

Zhèbiān de chūzūchē hěn shǎo.
这边的出租车很少。
There are few taxis here.

Wǒ děngle hěn jiǔ.
我等了很久。
I waited for so long.

9 Wǒ zhǎo qìchēzhàn.
我找汽车站。 I look for the bus stop.

Háishi qù zuò gōnggòng qìchē ba.
还是去坐公共汽车吧。
I will take the bus instead.

Bǐjiào ānquán.
比较安全。
It is safer.

10 Wǒ wèn chēfèi.
我问车费。 I ask the fare.

Wǒ hǎoxiàng língqián bú gòu.
我好像零钱不够。
It seems that I haven't got enough change.

Qìchē shang zìdòng shòupiào bù zhǎo qián.
汽车上自动售票不找钱。
The ticket machine on the bus doesn't give change.

11 Wǒ shàng chē.
我上车。 I get on the bus.

Zǒngsuàn zhǎodàole liǎng méi yìngbì.
总算找到了两枚硬币。
Finally I find two coins.

Qìchē hái méiyǒu kāi.
汽车还没有开。
The bus hasn't yet driven away.

12 Wǒ fù chēfèi.
我付车费。 I pay the fare.

Wǒ zhēn bù xiǎng shàng chē.
我真不想上车。
I really don't want to get on the bus.

Jīntiān de chéngkè zhēn duō.
今天的乘客真多。
There are so many passengers on the bus today.

学习目标：

* 掌握生活记事的常用词汇。

* 熟练背诵生活记事的12个句子，并能运用于日
  常生活当中。

* 了解中文句型的基本结构。

* 鼓励学生谈论自己的生活和未来计划。

Goals:

* To learn the vocabulary of this chapter.

* To learn and use the 12 sentence structures
  introduced in this chapter.

* To learn the basic structure of Chinese sentence
  patterns.

* To encourage students to talk about their lives
  and future plans in Chinese.

生活记事
Daily life

第13章 生活记事
Daily life

超级单词 SUPER WORDS

家庭词汇 Family

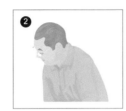

① nǎinai 奶奶 grandmother		**②** yéye 爷爷 grandfather		**③** māma 妈妈 mother	
④ bàba 爸爸 father		**⑤** zhàngfu 丈夫 husband		**⑥** qīzi 妻子 wife	
⑦ érzi 儿子 son		**⑧** nǚ'ér 女儿 daughter		**⑨** gēge 哥哥 elder brother	
⑩ jiějie 姐姐 elder sister		**⑪** dìdi 弟弟 younger brother		**⑫** mèimei 妹妹 younger sister	

● **奶奶** [nǎinai] **grandmother**

Wǒ de nǎinai hěn hé'ǎi .
我的奶奶很和蔼。
My grandmother is very kind.

● **爸爸** [bàba] **father**

Wǒ de bàba hěn nénggàn .
我的爸爸很能干。
My father is very capable.

● **爷爷** [yéye] **grandfather**

Wǒ de yéye yǐjīng tuìxiū le .
我的爷爷已经退休了。
My grandfather has retired.

● **丈夫** [zhàngfu] **husband**

Wǒ de zhàngfu hěn shuài .
我的丈夫很帅。
My husband is very handsome.

● **妈妈** [māma] **mother**

Wǒ de māma shì yì míng jiàoshī .
我的妈妈是一名教师。
My mother is a teacher.

● **妻子** [qīzi] **wife**

Wǒ de qīzi hěn piàoliang .
我的妻子很漂亮。
My wife is so beautiful.

- 儿子 [érzi] **son**

Wǒ yǒu yí gè érzi.
我有一个儿子。
I have a son.

- 姐姐 [jiějie] **elder sister**

Wǒ de jiějie yǐjīng jiéhūn le.
我的姐姐已经结婚了。
My elder sister is married.

- 女儿 [nǚ'ér] **daughter**

Wǒ yǒu sān gè nǚ'ér.
我有三个女儿。
I have three daughters.

- 弟弟 [dìdi] **younger brother**

Wǒ de dìdi zài shàng dàxué.
我的弟弟在上大学。
My younger brother goes to college.

- 哥哥 [gēge] **elder brother**

Wǒ de gēge zài Měiguó liúxué.
我的哥哥在美国留学。
My elder brother is studying abroad in the USA.

- 妹妹 [mèimei] **younger sister**

Wǒ de mèimei yǐjīng gōngzuò le.
我的妹妹已经工作了。
My sister has already started working.

第13章 生活记事

Wǒ chūshēng yú èr líng líng líng nián .
1 我出生于２０００年。 I was born in 2000.

Wǒ èr líng líng sān nián kāishǐ shàng xué .
2 我２００３年开始上学。 I started school in 2003.

Wǒ bìyè yú èr líng líng wǔ nián .
3 我毕业于２００５年。 I graduated in 2005.

Wǒ mǎi fángzi .
4 我买房子。 I buy a house.

Wǒ bānjiā .
5 我搬家。 I move to the house.

Wǒ yǒu yí gè jiějie .
6 我有一个姐姐。 I have an elder sister.

Wǒ yǒu yí gè dìdi .
7 我有一个弟弟。 I have a younger brother.

Wǒ ài bàba māma .
8 我爱爸爸妈妈。 I love my parents.

Wǒ shàng dàxué .
9 我上大学。 I go to college.

Wǒ zhǎodào gōngzuò .
10 我找到工作。 I get a job.

Wǒ jiéhūn .
11 我结婚。 I get married.

Wǒ yǒu háizi .
12 我有孩子。 I have a child.

① Wǒ chūshēng yú èr líng líng líng nián .
我出生于2000年。 I was born in 2000.

Nà yì nián shì Zhōngguó de lóngnián .
那一年是中国的龙年。
That year was the Year of the Dragon.

Wǒ de xuèxíng shì B xíng .
我的血型是B型。
My blood type is B.

② Wǒ èr líng líng sān nián kāishǐ shàng xué .
我2003年开始上学。 I started school in 2003.

Sān suì wǒ jiù shàng yòu'éryuán le .
3岁我就上幼儿园了。
I went to kindergarten at three.

Wǒ shì wǒmen bān shang zuì xiǎo de yí gè .
我是我们班上最小的一个。
I was the youngest one in my class.

③ Wǒ bìyè yú èr líng líng wǔ nián .
我毕业于2005年。 I graduated in 2005.

Wǒ yǒu yì zhāng bìyèzhèng .
我有一张毕业证。
I have a graduation certificate.

Xiànzài hái bǎoliú zài chōuti li .
现在还保留在抽屉里。
For now, it is kept in the drawer.

④ Wǒ mǎi fángzi .
我买房子。 I buy a house.

Zhè dòng fángzi hěn piàoliang .
这栋房子很漂亮。
This house is very beautiful.

Wǒ gānggāng qiānhǎo hétong .
我刚刚签好合同。
I have just signed the contract.

第13章 生活记事

5 Wǒ bānjiā .
我搬家。I move to the house.

Pángbiān de línjū tài chǎo le .
旁边的邻居太吵了。
The neighbor is too noisy.

Tāmen jiā de xiǎogǒu jīngcháng cǎi wǒ de huā .
他们家的小狗 经常踩我的花。
Their dog often steps on my flowers.

6 Wǒ yǒu yí gè jiějie .
我有一个姐姐。I have an elder sister.

Wǒ de jiějie hěn piàoliang .
我的姐姐很漂亮。
My elder sister is very beautiful.

Biéren dōu shuō wǒ xiàng tā .
别人都 说我像她。
People say that I look like her.

7 Wǒ yǒu yí gè dìdi .
我有一个弟弟。I have a younger brother.

Wǒ de dìdi hěn cōngmíng .
我的弟弟很聪明。
My younger brother is very smart.

Tā de xuéxí chéngji hěn hǎo .
他的学习成绩很好。
He has good grades.

8 Wǒ ài bàba māma .
我爱爸爸妈妈。I love my parents.

Wǒmen cóng xiǎo jiù yào xuéxí zūnjìng zhǎngbèi .
我们从 小就要学习尊敬长辈。
We have been taught to respect our elders since
we were children.

Wǒmen jiā hěn xìngfú .
我们家很幸福。
My family is very happy.

9 Wǒ shàng dàxué .
我上大学。 I go to college.

Shàng dàxué shì hěn duō rén de mèngxiǎng .
上 大学是很多人的 梦 想。
Going to college is the dream of many people.

Jiùshì xuéxiào lí jiā tài yuǎn .
就是学校离家太远。
But colleges are far away from home.

10 Wǒ zhǎodào gōngzuò .
我找到工作。 I get a job.

Zhè shì yí fèn búcuò de gōngzuò .
这是一份不错的工作。
This is a good job.

Xīnshuǐ hěn gāo .
薪水很高。
The salary is very high.

11 Wǒ jiéhūn .
我结婚。 I get married.

Tā jiùshì wǒ xīnmù zhōng de báimǎ wángzǐ .
他就是我心目 中 的白马王子。
He is the Prince Charming of my heart.

Zhǎng de hěn shuài ba ?
长 得很帅吧？
Isn't he handsome?

12 Wǒ yǒu háizi .
我有孩子。 I have a child.

Dāng māma zhēn bù róngyì .
当妈妈真不容易。
It is not easy to be a mother.

Xūyào nàixīn .
需要耐心。
Patience is needed.

学习目标：

* 掌握回家篇的常用词汇。

* 熟练背诵回家篇的12个句子，并能运用于日常
  生活当中。

* 了解中文句型的基本结构。

* 鼓励学生谈论自己的回家经历。

Goals:

* To learn the vocabulary of this chapter.

* To learn and use the 12 sentence structures
  introduced in this chapter.

* To learn the basic structure of Chinese sentence
  patterns.

* To encourage students to talk about their
  experiences of going home in Chinese.

回家篇
Going home

回家篇
Going home

超级单词 SUPER WORDS

交通工具词汇 Transportation

❶ zìxíngchē 自行车 bicycle

❷ gōnggòng qìchē 公共汽车 bus

❸ xiǎoqìchē 小汽车 car

❹ chūzūchē 出租车 taxi

❺ huǒchē 火车 train

❻ dìtiě 地铁 subway

❼ mótuōchē 摩托车 motorcycle

❽ xiāofángchē 消防车 fire fighting truck

❾ jiùhùchē 救护车 ambulance

❿ huòchē 货车 van

⓫ fēijī 飞机 airplane

⓬ lúnchuán 轮船 ship

第14章　回家篇

● **自行车** [zìxíngchē] **bicycle**

Wǒ qí zìxíngchē qù shàng xué .
我骑自行车去上学。
I go to school by bicycle.

● **出租车** [chūzūchē] **taxi**

Wǒ zuò chūzūchē qù jīchǎng .
我坐出租车去机场。
I go to the airport by taxi.

● **公共汽车** [gōnggòng qìchē] **bus**

Wǒ chéng gōnggòng qìchē qù nǎinai jiā .
我乘公共汽车去奶奶家。
I go to my grandmother's home by bus.

● **火车** [huǒchē] **train**

Wǒ zuò huǒchē qù Běijīng .
我坐火车去北京。
I go to Beijing by train.

● **小汽车** [xiǎoqìchē] **car**

Wǒ yǒu yí liàng xiǎoqìchē .
我有一辆小汽车。
I have a car.

● **地铁** [dìtiě] **subway**

Wǒ chéng dìtiě qù shàng bān .
我乘地铁去上班。
I go to work by subway.

● 摩托车 [mótuōchē] motorcycle

Wǒ mǎile yí liàng mótuōchē .
我买了一辆摩托车。
I bought a motorcycle.

● 货车 [huòchē] van

Wǒ bǎ huòchē tíng zài shāngdiàn ménkǒu .
我把货车停在商店门口。
I park the van in front of the store door.

● 消防车 [xiāofángchē]
fire fighting truck

Wǒ bō yāoyāojiǔ jiào xiāofángchē .
我拨119叫消防车。
I dial 119 to call a fire fighting truck.

● 飞机 [fēijī] airplane

Wǒ chéng fēijī qù Ruìshì .
我乘飞机去瑞士。
I go to Switzerland by airplane.

● 救护车 [jiùhùchē] ambulance

Wǒ bō yāo èr líng jiào jiùhùchē
我拨120叫救护车。
I dial 120 to call an ambulance.

● 轮船 [lúnchuán] ship

Wǒ zuò lúnchuán qù Hélán
我坐轮船去荷兰。
I go to the Netherlands by ship.

1 Wǒ chéng chē huí jiā .
我乘车回家。 — I take the bus home.

2 Wǒ shàng lóu .
我上楼。 — I walk upstairs.

3 Wǒ náchū yàoshi .
我拿出钥匙。 — I take out my key.

4 Wǒ bǎ yàoshi chājin suǒkǒng li .
我把钥匙插进锁孔里。 — I put my key in the lock.

5 Wǒ bǎ yàoshi qǔxià .
我把钥匙取下。 — I take the key out.

6 Wǒ zhuàndòng qiúxíng mén lāshǒu .
我转动球形门拉手。 — I turn the doorknob.

7 Wǒ dǎkāi mén .
我打开门。 — I open the door.

8 Wǒ jìn mén .
我进门。 — I go in.

9 Wǒ guānshàng mén .
我关上门。 — I close the door.

10 Wǒ suǒ mén .
我锁门。 — I lock the door.

11 Wǒ dǎkāi dēng .
我打开灯。 — I turn on the light.

12 Wǒ xiūxi .
我休息。 — I take a rest.

1 Wǒ chéng chē huí jiā .
我乘车回家。 I take the bus home.

Huí jiā de lù kě zhēn yuǎn .
回家的路可真远。
It's such a long way to go back home.

Dàyuē yǒu sānshí fēnzhōng de chēchéng .
大约有３０分钟的车程。
It is about 30 minutes drive.

2 Wǒ shàng lóu .
我上楼。 I walk upstairs.

Wǒ jiā zhù zài shí' èr lóu .
我家住在１２楼。
I live on the 12th floor.

Zài zuì dǐngcéng .
在最顶层。
It is the top floor.

3 Wǒ náchū yàoshi .
我拿出钥匙。 I take out my key.

Bù zhīdào shì nǎ yì bǎ .
不知道是哪一把。
I don't know which key is the right one.

Yàoshi tài duō le .
钥匙太多了。
There are too many keys.

4 Wǒ bǎ yàoshi chājìn suǒkǒng li .
我把钥匙插进锁孔里。 I put my key in the lock.

Shì yíxià shìbushì zhè bǎ yàoshi .
试一下是不是这把钥匙。
I have to try whether it is the right key.

Mén dǎkāi le .
门打开了。
The door opens.

Wǒ bǎ yàoshi qǔxià .
⑤ 我把钥匙取下。 I take the key out.

Shàng cì jiù wàngle qǔ yàoshi .
上 次就忘了取钥匙。
I left the key in the lock last time.

Hái hǎo méiyǒu bèi xiǎotōu fāxiàn .
还好没有被小偷发现。
Luckily, no thief found it.

Wǒ zhuàndòng qiúxíng mén lāshou .
⑥ 我转动球形门拉手。 I turn the doorknob.

Zhège mén lāshou shì xīn mǎi de .
这个门拉手是新买的。
This doorknob is newly purchased.

Hé bīnguǎn de mén lāshou shì yíyàng de .
和宾馆的门拉手是一样的。
It is the same as the doorknobs in a hotel.

Wǒ dǎkāi mén .
⑦ 我打开门。 I open the door.

Wèishénme kètīng zhème luàn ?
为什么客厅这么乱？
Why is the living room so messy?

Méiyǒu rén shōushi ma ?
没有人收拾吗？
Wasn't there anyone to clean it up?

Wǒ jìn mén .
⑧ 我进门。 I go in.

Jiā li méiyǒu rén .
家里没有人。
There is no one in the house.

Tāmen dōu chūqù le .
他们都出去了。
They have all gone out.

⑨ Wǒ guānshàng mén .
我关上门。 I close the door.

🔊 Gǎnjué yǒuxiē hàipà .
感觉有些害怕。
I am a little scared.

🔊 Wǒ yí gè rén zài jiā .
我一个人在家。
I am alone in the house.

⑩ Wǒ suǒ mén .
我锁门。 I lock the door.

🔊 Wǒ cóng lǐmiàn fǎnsuǒ .
我从里面反锁。
I lock the door from the inside.

🔊 Jiùsuàn yǒu yàoshi yě dǎ bù kāi le .
就算有钥匙也打不开了。
You can't unlock it, even if you have the key.

⑪ Wǒ dǎkāi dēng .
我打开灯。 I turn on the light.

🔊 Zhège dēngpào bú gòu liàng .
这个灯泡不够亮。
This bulb is not bright enough.

🔊 Zài kāi yì zhǎn dēng ba .
再开一盏灯吧。
So turn on another light.

⑫ Wǒ xiūxi .
我休息。 I take a rest.

🔊 Tǎng zài shāfā shang zhēn shūfu .
躺在沙发上 真舒服。
Lying on a sofa is so comfortable.

🔊 Kěyǐ hǎohāo de shuì yí jiào le .
可以好好地睡一觉了。
I am having a good sleep.

第 15 章

学习目标：

* 掌握节日篇的常用词汇。
* 熟练背诵节日篇的**12**个句子，并能运用于日常生活当中。
* 了解中文句型的基本结构。
* 鼓励学生谈论自己喜欢的节日。

Goals:

* To learn the vocabulary of this chapter.
* To learn and use the 12 sentence structures introduced in this chapter.
* To learn the basic structure of Chinese sentence patterns.
* To encourage students to talk about their favorite festivals in Chinese.

节日篇
Holidays

超级单词 SUPER WORDS

节日词汇 Holidays

① Yuándàn 元旦 New Year's Day
② Chūn Jié 春节 Spring Festival
③ Qíngrén Jié 情人节 Valentine's Day
④ Láodòng Jié 劳动节 Labor Day
⑤ Mǔqīn Jié 母亲节 Mother's Day
⑥ Értóng Jié 儿童节 Children's Day
⑦ Fùqīn Jié 父亲节 Father's Day
⑧ Zhōngqiū Jié 中秋节 Mid-Autumn Festival
⑨ Jiàoshī Jié 教师节 Teacher's Day
⑩ Guóqìng Jié 国庆节 National Day
⑪ Gǎn'ēn Jié 感恩节 Thanksgiving Day
⑫ Shèngdàn Jié 圣诞节 Christmas Day

● 元旦 [Yuándàn] **New Year's Day**

Wǒ Yuándàn fàng jià yì tiān .
我元旦放假一天。
I have a one-day holiday for New Year's Day.

● 劳动节 [Láodòng Jié]
Labor Day

Wǒ zài Láodòng Jié zuò jiāwù .
我在劳动节做家务。
I do the household chores on Labor Day.

● 春节 [Chūn Jié] **Spring Festival**

Wǒ guòle yí gè yúkuài de Chūn Jié .
我过了一个愉快的春节。
I had a happy Spring Festival.

● 母亲节 [Mǔqin Jié]
Mother's Day

Wǒ zài Mǔqin Jié sònggěi māma yí jiàn lǐwù
我在母亲节送给妈妈一件礼物。
I give a gift to my mother on Mother's Day.

● 情人节 [Qíngrén Jié]
Valentine's Day

Wǒ zài Qíngrén Jié shōudào yí shù méiguihuā .
我在情人节收到一束玫瑰花。
I receive a bunch of roses on Valentine's Day.

● 儿童节 [Értóng Jié]
Children's Day

Wǒ xīwàng měi tiān dōu shì Értóng Jié
我希望每天都是儿童节。
I hope everyday is Children's Day.

● **父亲节** [Fùqin Jié] **Father's Day**

Wǒ zài Fùqin Jié sònggěi bàba yì zhāng hèkǎ .
我在父亲节送给爸爸一张贺卡。
I give a card to my father on Father's Day.

● **国庆节** [Guóqìng Jié]
National Day

Wǒ Guóqìng Jié qù lǚyóu .
我国庆节去旅游。
I go traveling on National Day.

● **中秋节** [Zhōngqiū Jié]
Mid-Autumn Day

Wǒ zài Zhōngqiū Jié chī yuèbing .
我在中秋节吃月饼。
I eat mooncakes on Mid-Autumn Day.

● **感恩节** [Gǎn'ēn Jié]
Thanksgiving Day

Wǒ zài Gǎn'ēn Jié chī huǒjī .
我在感恩节吃火鸡。
I eat turkey on Thanksgiving Day.

● **教师节** [Jiàoshī Jié] **Teacher's Day**

Wǒ zài Jiàoshī Jié bàifǎng lǎoshī .
我在教师节拜访老师。
I visit my teachers on Teacher's Day.

● **圣诞节** [Shèngdàn Jié]
Christmas Day

Wǒ zài Shèngdàn Jié shōudào hěn duō hèkǎ .
我在圣诞节收到很多贺卡。
I receive many cards on Christmas Day.

Wǒ jìhuà kāi yí gè pàiduì.
1 我计划开一个派对。

I plan a party.

Wǒ yāoqǐng péngyou.
2 我邀请朋友。

I invite my friends.

Wǒ dǎsǎo fángzi.
3 我打扫房子。

I clean up the house.

Wǒ zhǔnbèi shíwù.
4 我准备食物。

I prepare the food.

Wǒ bùzhì fángzi.
5 我布置房子。

I decorate the house.

Wǒ bāozhuāng lǐwù.
6 我包装礼物。

I wrap a gift.

Wǒ kàn shíjiān.
7 我看时间。

I watch the clock.

Wǒ diǎn làzhú.
8 我点蜡烛。

I light the candles.

Wǒ xǔ yuàn.
9 我许愿。

I make a wish.

Wǒ chuīxī làzhú.
10 我吹熄蜡烛。

I blow out the candles.

Wǒ chàng gē.
11 我唱歌。

I sing songs.

Wǒ fàngsōng.
12 我放松。

I relax.

1 我计划开一个派对。 I plan a party.
Wǒ jìhuà kāi yí gè pàiduì.

马上就要过生日了。
Mǎshàng jiùyào guò shēngrì le.
I am going to celebrate my birthday.

好开心呀。
Hǎo kāixīn ya.
I am so happy.

2 我邀请朋友。 I invite my friends.
Wǒ yāoqǐng péngyou.

我有很多好朋友。
Wǒ yǒu hěn duō hǎo péngyou.
I have a lot of good friends.

要准备一份名单。
Yào zhǔnbèi yí fèn míngdān.
I should prepare a name list.

3 我打扫房子。 I clean up the house.
Wǒ dǎsǎo fángzi.

今晚有客人来。
Jīnwǎn yǒu kèrén lái.
The guests are coming tonight.

不能 让他们看到房间那么乱。
Bù néng ràng tāmen kàndào fángjiān nàme luàn.
I can't let them see my room in a mess.

4 我准备食物。 I prepare the food.
Wǒ zhǔnbèi shíwù.

不知道大家喜欢吃什么。
Bù zhīdào dàjiā xǐhuan chī shénme.
I don't know what everybody would like to eat.

还没有订蛋糕呢。
Hái méiyǒu dìng dàngāo ne.
The cake hasn't been ordered yet.

第15章 节日篇

❺ Wǒ bùzhì fángzi.
我布置房子。 I decorate the house.

Gāng mǎile jǐ shù xiānhuā.
刚买了几束鲜花。
I have just bought several bunches of flowers.

Fángjiān li chōngmǎnle huāxiāng.
房间里充满了花香。
The room is full of the smell of the flowers.

❻ Wǒ bāozhuāng lǐwù.
我包装礼物。 I wrap a gift.

Zhèxiē xiǎo lǐwù shì wèi péngyou zhǔnbèi de.
这些小礼物是为朋友准备的。
These little gifts have been prepared for friends.

Xīwàng tāmen néng xǐhuan.
希望他们能喜欢。
I hope they like them.

❼ Wǒ kàn shíjiān.
我看时间。 I watch the clock.

Shíjiān jiù kuài dào le.
时间就快到了。
The time is drawing close.

Tāmen zěnme hái méi lái ne?
他们怎么还没来呢?
Why aren't they coming?

❽ Wǒ diǎn làzhú.
我点蜡烛。 I light the candles.

Wǒ bǎ làzhú chā zài dàngāo shang.
我把蜡烛插在蛋糕上。
I put the candles on the cake.

Zhǔnbèi kāishǐ le.
准备开始了。
The preparations have begun.

126

Wǒ xǔ yuàn .
9 我许愿。 I make a wish.

Wǒ xīwàng quán jiā jiànkāng píng' ān .
我希望全家健康 平安。
I wish for the whole family's well being.

Měi gè rén dōu kuàilè .
每个人都快乐。
Everybody is happy.

Wǒ chuīxī làzhú .
10 我吹熄蜡烛。 I blow out the candles.

Làzhú quán miè le .
蜡烛全 灭了。
The candles are blown out.

Zhōuwéi xiǎngqǐle yīnyuè .
周围响起了音乐。
The music surrounds us.

Wǒ chàng gē .
11 我 唱 歌。 I sing songs.

Wǒmen yiqǐ chàng shēngrì zhùfú gē .
我们一起 唱 生日祝福歌。
We sing the happy birthday song together.

Yīnyuè hěn dòngtīng .
音乐很动听。
The music is very beautiful.

Wǒ fàngsōng .
12 我放松。 I relax.

Kèrén dōu zǒu le .
客人都走了。
The guests are all gone.

Wǒmen dùguòle yí gè yúkuài de yèwǎn .
我们度过了一个愉快的夜晚。
We spent a happy night.

第16章

学习目标：

* 掌握道德篇的常用词汇。
* 熟练背诵道德篇的12个句子，并能运用于日常生活当中。
* 了解中文句型的基本结构。
* 鼓励学生谈论自己的道德标准。

Goals:

* To learn the vocabulary of this chapter.
* To learn and use the 12 sentence structures introduced in this chapter.
* To learn the basic structure of Chinese sentence patterns.
* To encourage students to talk about their moral beliefs in Chinese.

道德篇
Ethics

超级单词 SUPER WORDS

色彩词汇 Colors

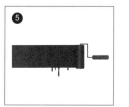

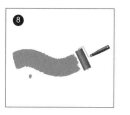

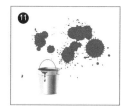

① hóngsè 红色 red

② huángsè 黄色 yellow

③ lánsè 蓝色 blue

④ lǜsè 绿色 green

⑤ hēisè 黑色 black

⑥ báisè 白色 white

⑦ huīsè 灰色 gray

⑧ zōngsè 棕色 brown

⑨ jīnsè 金色 golden

⑩ yínsè 银色 silver

⑪ zǐsè 紫色 purple

⑫ fěnhóngsè 粉红色 pink

● 红色 [hóngsè] **red**

Wǒ yǒu yí gè hóngsè de bāo .
我有一个红色的包。
I have a red bag.

● 绿色 [lǜsè] **green**

Wǒ yǒu yì tiáo lǜsè de qúnzi .
我有一条绿色的裙子。
I have a green skirt.

● 黄色 [huángsè] **yellow**

Wǒ yǒu yì zhāng huángsè de yǐzi .
我有一张黄色的椅子。
I have a yellow chair.

● 黑色 [hēisè] **black**

Wǒ yǒu yì zhī hēisè de māo .
我有一只黑色的猫。
I have a black cat.

● 蓝色 [lánsè] **blue**

Wǒ yǒu yí gè lánsè de qiānbǐhé .
我有一个蓝色的铅笔盒。
I have a blue pencil box.

● 白色 [báisè] **white**

Wǒ yǒu yì shuāng báisè de xiézi .
我有一双白色的鞋子。
I have a pair of white shoes.

● 灰色 [huīsè] gray

Wǒ yǒu yí jiàn huīsè de chènyī .
我有一件灰色的衬衣。
I have a gray shirt.

● 银色 [yínsè] silver

Wǒ yǒu yì bǎ yínsè de yǔsǎn .
我有一把银色的雨伞。
I have a silver umbrella.

● 棕色 [zōngsè] brown

Wǒ bǎ tóufa rǎnchéng zōngsè .
我把头发染成棕色。
I dye my hair brown.

● 紫色 [zǐsè] purple

Wǒ yǒu yí gè zǐsè de bùwáwa .
我有一个紫色的布娃娃。
I have a purple doll.

● 金色 [jīnsè] golden

Wǒ yǒu yí jiàn jīnsè de lǐfú .
我有一件金色的礼服。
I have a golden dress.

● 粉红色 [fěnhóngsè] pink

Wǒ xǐhuan fěnhóngsè .
我喜欢粉红色。
I like pink.

第16章 道德篇

Wǒ jīngcháng shuō " xièxie nín " .
1 我经常说"谢谢您"。 I often say "thank you".

Wǒ jīngcháng shuō " qǐng " .
2 我经常说"请"。 I often say "please".

Wǒ dì-yī gè shuō " nǐ hǎo " .
3 我第一个说"你好"。 I'm the first to say "hello".

Wǒ guīhuán suǒyǒu jiè de dōngxi .
4 我归还所有借的东西。 I return all the things I borrow.

Wǒ ànshí fù zhàngdān .
5 我按时付账单。 I pay my bills on time.

Wǒ bǎoshǒu mìmì .
6 我保守秘密。 I keep secrets.

Wǒ zūnjìng lǎoshī .
7 我尊敬老师。 I respect teachers.

Wǒ xìnshǒu nuòyán .
8 我信守诺言。 I keep my promises.

Wǒ rè'ài shēnghuó .
9 我热爱生活。 I love life.

Wǒ rè'ài wǒ de zǔguó .
10 我热爱我的祖国。 I love my country.

Wǒ ài wǒ de jiārén .
11 我爱我的家人。 I love my relatives.

Wǒ zhīchí císhàn tuántǐ .
12 我支持慈善团体。 I support a charity.

Wǒ jīngcháng shuō " xièxie nín "
1 我经常说"谢谢您"。 I often say "thank you".

Dédào biéren de bāngzhù yào biǎoshì gǎnxiè .
得到别人的帮助要表示感谢。
Express your gratitude when you get help from others.

Búyào wàngjì shuō " xièxiè "
不要忘记说"谢谢"。
Do not forget to say "thank you".

Wǒ jīngcháng shuō " qǐng "
2 我经常说"请"。 I often say "please".

"Qǐng" shì biǎoshì duì rén de zūnjìng .
"请"是表示对人的尊敬。
"Please" means showing respect to others.

Zhè shì lǐmào yòngyǔ .
这是礼貌用语。
This is a courtesy.

Wǒ dì-yī gè shuō " nǐ hǎo "
3 我第一个说"你好"。 I'm the first to say "hello".

Yǔ péngyou jiàn miàn yào zhǔdòng dǎ zhāohu .
与朋友见面要主动打招呼。
Greet your friends first when you meet them.

Wǒ xiàng péngyou wèn hǎo .
我向朋友问好。
I say hello to my friends.

Wǒ guīhuán suǒyǒu jiè de dōngxi .
4 我归还所有借的东西。 I return all the things I borrow.

Yào ànshí guīhuán suǒ jiè de dōngxi .
要按时归还所借的东西。
Return things that you have borrowed on time.

Zhè shì hǎo de xíguàn .
这是好的习惯。
This is a good habit.

Wǒ ànshí fù zhàngdān.
❺ 我按时付账单。 I pay my bills on time.

Zhàngdān tōngcháng shì cóng yínháng jìchū de.
账单 通常 是 从 银行 寄出 的。
Bills are always sent from banks.

Bù néng yánwù fù kuǎn shíjiān.
不能 延误 付 款 时间。
The payment date cannot be delayed.

Wǒ bǎoshǒu mìmì.
❻ 我保守秘密。 I keep secrets.

Biéren jīngcháng gàosu wǒ mìmì.
别人 经 常 告诉 我 秘密。
Other people often tell me secrets.

Tāmen xiāngxin wǒ.
他们 相信 我。
They trust me.

Wǒ zūnjìng lǎoshī.
❼ 我尊敬老师。 I respect teachers.

Yào duì lǎoshī yǒu lǐmào.
要 对 老师 有 礼貌。
Be polite to teachers.

Zhè shì měi yí gè xuésheng yīnggāi zuò de.
这是 每 一 个 学 生 应该 做 的。
This is what every student should do.

Wǒ xìnshǒu nuòyán.
❽ 我信守诺言。 I keep my promises.

Chéngxin shì měidé.
诚信 是 美德。
Honesty is a virtue.

Wǒmen bù néng shī xìn yú rén.
我们 不能 失信 于 人。
We should not break our promises to others.

Wǒ rè'ài shēnghuó.
⑨ 我热爱生活。 I love life.

Shēnghuó chōngmǎnle yángguāng yǔ huānxiào.
生活 充满了 阳 光 与欢笑。
Life is full of sunshine and cheer.

Xīwàng měi yí gè rén dōunéng shēnghuó xìngfú.
希望每一个人都能 生活幸福。
I hope everybody can live a happy life.

Wǒ rè'ài wǒ de zǔguó.
⑩ 我热爱我的祖国。 I love my country.

Wǒmen dōu yào rè'ài zìjǐ de guójiā.
我们都要热爱自己的国家。
We all should love our countries.

Měi gè rén dōu yào duì shèhuì yǒu suǒ gòngxiàn.
每个人都要对社会有所贡献。
Everybody should make a contribution to society.

Wǒ ài wǒ de jiārén.
⑪ 我爱我的家人。 I love my relatives.

Bàba māma shì zuì ài wǒ de rén.
爸爸妈妈是最爱我的人。
My father and mother love me the best.

Wǒmen quán jiā hěn xìngfú.
我们全家很幸福。
Our family is very happy.

Wǒ zhīchí císhàn tuántǐ.
⑫ 我支持慈善团体。 I support a charity.

Císhàn tuántǐ shì fēi-yínglìxìng jīgòu.
慈善团体是非营利性机构。
Charities are nonprofit organizations.

Yǒu hěn duō zhìyuànzhě jiārù.
有很多志愿者加入。
Many volunteers join these organizations.

第17章

学习目标：

* 掌握习惯篇的常用词汇。
* 熟练背诵习惯篇的12个句子，并能运用于日常生活当中。
* 了解中文句型的基本结构。
* 鼓励学生说出其他的习惯并大胆讲述自己的习惯。

Goals:

* To learn the vocabulary of this chapter.
* To learn and use the 12 sentence structures introduced in this chapter.
* To learn the basic structure of Chinese sentence patterns.
* To encourage students to talk about their habits in Chinese.

习惯篇
Habits

习惯篇
Habits

超级单词 SUPER WORDS

职业词汇 Careers

❶ jiàoshī 教师 teacher	❷ gōngchéngshī 工程师 engineer	❸ chúshī 厨师 chef
❹ sījī 司机 driver	❺ yīshēng 医生 doctor	❻ hùshi 护士 nurse
❼ jǐngchá 警察 policeman	❽ lǜshī 律师 lawyer	❾ yǎnyuán 演员 actor / actress
❿ jìzhě 记者 journalist	⓫ shāngrén 商人 businessman	⓬ nóngfū 农夫 farmer

● 教师 [jiàoshī] **teacher**

Wǒ xiǎng chéngwéi yì míng jiàoshī.
我 想 成为一名教师。
I would like to be a teacher.

● 司机 [sījī] **driver**

Wǒ jiào sījī guòlái jiē wǒ.
我 叫司机过来接我。
I ask the driver to pick me up.

● 工程师 [gōngchéngshī] **engineer**

Wǒ zài zhāopìn gōngchéngshī.
我在招聘工程师。
I am recruiting engineers.

● 医生 [yīshēng] **doctor**

Wǒ bǎ bìnglì dìgěi yīshēng.
我把病历递给医生。
I give the medical record to the doctor.

● 厨师 [chúshī] **chef**

Wǒ bǎ càidān dìgěi chúshī.
我把菜单递给厨师。
I give the menu to the chef.

● 护士 [hùshi] **nurse**

Wǒ hàipà hùshi gěi wǒ dǎ zhēn.
我害怕护士给我打针。
I am scared of the nurse giving me an injection.

● 警察 [jǐngchá] **policeman**

Wǒ yùjiàn yí wèi jǐngchá .
我遇见一位警察。
I encounter a policeman.

● 记者 [jìzhě] **journalist**

Wǒ dāng jìzhě hěn xīnkǔ .
我当记者很辛苦。
I feel very hard to be a journalist.

● 律师 [lùshī] **lawyer**

Wǒ qǐng lùshī dǎ guānsi .
我请律师打官司。
I hired a lawyer to take care of my legal affairs.

● 商人 [shāngrén] **businessman**

Wǒ gǎnjué shāngrén hěn jīngmíng .
我感觉商人很精明。
I think businessmen are shrewd.

● 演员 [yǎnyuán] **actor / actress**

Wǒ xiǎng dāng yì míng yǎnyuán .
我想当一名演员。
I want to be an actress.

● 农夫 [nóngfū] **farmer**

Wǒ kànjiàn nóngfū zài gēng dì .
我看见农夫在耕地。
I see the farmers plowing.

1. Wǒ bù xī yān .
我不吸烟。

I don't smoke.

2. Wǒ bù dǔbó .
我不赌博。

I don't gamble.

3. Wǒ bù jídù tārén .
我不嫉妒他人。

I don't envy others.

4. Wǒ bú bàoyuàn tārén .
我不抱怨他人。

I don't blame others.

5. Wǒ bù shǐyòng zānghuà .
我不使用脏话。

I don't use bad language.

6. Wǒ bù qīzhà .
我不欺诈。

I don't cheat others.

7. Wǒ bù shuōsān-dàosì .
我不说三道四。

I don't gossip.

8. Wǒ yǒu liánghǎo de xíguàn .
我有良好的习惯。

I have good habits.

9. Wǒ shì qiānxū de .
我是谦虚的。

I'm modest.

10. Wǒ shǒu shí .
我守时。

I'm punctual.

11. Wǒ yōngyǒu mèngxiǎng .
我拥有梦想。

I have a dream.

12. Wǒ yǒng bú fàngqì .
我永不放弃。

I never give up.

1 Wǒ bù xī yān.
我不吸烟。I don't smoke.

Xī yān yǒuhài jiànkāng.
吸烟有害健康。
Smoking is harmful to your health.

Yuèláiyuè duō de rén kāishǐ jiè yān le.
越来越多的人开始戒烟了。
More and more people have begun to quit smoking.

2 Wǒ bù dǔbó.
我不赌博。I don't gamble.

Dǔbó shì yí gè bù hǎo de xíguàn.
赌博是一个不好的习惯。
Gambling is a bad habit.

Dǔbó róngyì shàngyǐn.
赌博容易上瘾。
Gambling is highly addictive.

3 Wǒ bù jídù tārén.
我不嫉妒他人。I don't envy others.

Wǒ yào xuéhuì bāoróng tārén.
我要学会包容他人。
I should learn to tolerate others.

Jídù shì yì zhǒng bù hǎo de xīntài.
嫉妒是一种不好的心态。
Jealousy is a bad emotion.

4 Wǒ bú bàoyuàn tārén.
我不抱怨他人。I don't blame others.

Chūxiàn wèntí yàoduō xiǎngxiang zìjǐ de cuò.
出现问题要多想想自己的错。
Reflect on your own actions when something goes wrong.

Xuéhuì duōchēngzàn tārén.
学会多称赞他人。
Learn to praise others more.

❺ Wǒ bù shǐyòng zānghuà.
我不使用脏话。I don't use bad language.

Wǒ yào chéngwéi yí gè yǒu hányǎng de rén.
我要成为一个有涵养的人。
I should have good manners.

Píngshí jiùyào yǎngchéng wénmíng lǐmào de hǎo xíguàn.
平时就要养成文明礼貌的好习惯。
Get into the habit of using good manners in daily life.

❻ Wǒ bù qīzhà.
我不欺诈。I don't cheat others.

Chéngshí shì yì zhǒng měidé.
诚实是一种美德。
Honesty is a virtue.

Wǒmen bù néng shuō huǎng.
我们不能说谎。
We should not lie.

❼ Wǒ bù shuōsān-dàosì.
我不说三道四。I don't gossip.

Měi gè rén dōu yǒu quēdiǎn.
每个人都有缺点。
Everybody has weaknesses.

Yào duō xiǎngxiang biéren de yōudiǎn.
要多想想别人的优点。
Think more about other's strengths.

❽ Wǒ yǒu liánghǎo de xíguàn.
我有良好的习惯。I have good habits.

Xíguàn shì cóng xiǎo yǎngchéng de.
习惯是从小养成的。
Habits are formed from infancy.

Xíguàn néng juédìng mìngyùn.
习惯能决定命运。
Habits can determine destiny.

9 Wǒ shì qiānxū de.
我是谦虚的。 I'm modest.

Qiānxū de rén cái néng jìnbù.
谦虚的人才能进步。
Only a modest person can improve themselves.

Jiāo'ào jiù huì tuìbù.
骄傲就会退步。
An arrogant person will fall behind.

10 Wǒ shǒu shí.
我守时。 I'm punctual.

Wǒ tíqián shí fēnzhōng dàodá huìchǎng.
我提前十分钟到达会场。
I arrive at the meeting ten minutes early.

Wǒ tōngcháng bù chídào.
我通常不迟到。
I do not usually arrive late.

11 Wǒ yōngyǒu mèngxiǎng.
我拥有梦想。 I have a dream.

Mèngxiǎng shì yí gè rén fèndòu de fāngxiàng.
梦想是一个人奋斗的方向。
You should strive for your dream.

Wǒ yídìng néng shíxiàn mèngxiǎng.
我一定能实现梦想。
I will make my dreams come true.

12 Wǒ yǒng bú fàngqì.
我永不放弃。 I never give up.

Měi tiān jìnbù yìdiǎndiǎn.
每天进步一点点。
Improve a little everyday.

Jiānchí jiù néng huòdé chénggōng.
坚持就能获得成功。
Perseverance leads to success.

学习目标：

* 掌握洗衣篇的常用词汇。
* 熟练背诵洗衣篇的12个句子，并能运用于日常
  生活当中。
* 了解中文句型的基本结构。
* 鼓励学生谈论自己洗衣服的程序。

Goals:

* To learn the vocabulary of this chapter.
* To learn and use the 12 sentence structures
  introduced in this chapter.
* To learn the basic structure of Chinese sentence
  patterns.
* To encourage students to talk about how they do
  laundry in Chinese.

洗衣篇
Washing clothes

超级单词 SUPER WORDS

洗涤用具词汇 Washing apparatus

   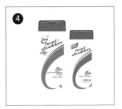

❶ 洗衣粉 xǐyīfěn washing powder ❷ 洗衣机 xǐyījī washing machine ❸ 肥皂 féizào soap

❹ 洗发水 xǐfàshuǐ shampoo ❺ 沐浴露 mùyùlù body wash ❻ 纸巾 zhǐjīn paper towel

❼ 毛巾 máojīn towel ❽ 牙刷 yáshuā toothbrush ❾ 牙膏 yágāo toothpaste

❿ 垃圾桶 lājītǒng rubbish bin ⓫ 抹布 mābù rag ⓬ 拖把 tuōbǎ mop

第18章 洗衣篇

● 洗衣粉 [xǐyīfěn]
washing powder
Wǒ fàngrù xǐyīfěn .
我放入洗衣粉。
I put washing powder in.

● 洗发水 [xǐfàshuǐ] **shampoo**
Wǒ yòng xǐfàshuǐ xǐ tóu .
我用洗发水洗头。
I wash my hair with shampoo.

● 洗衣机 [xǐyījī]
washing machine
Wǒ dǎkāi xǐyījī .
我打开洗衣机。
I turned on the washing machine.

● 沐浴露 [mùyùlù] **body wash**
Wǒ dǎkāi mùyùlù .
我打开沐浴露。
I open the body wash.

● 肥皂 [féizào] **soap**
Wǒ mǎile yí kuài féizào .
我买了一块肥皂。
I bought a bar of soap.

● 纸巾 [zhǐjīn] **paper towel**
Wǒ nále yì hé zhǐjīn .
我拿了一盒纸巾。
I take a box of paper towels.

● 毛巾 [máojīn] **towel**

<small>Wǒ bǎ máojīn guà zài yījià shang .</small>
我把毛巾挂在衣架上。
I hang the towel on a coat hanger.

● 垃圾桶 [lājītǒng] **rubbish bin**

<small>Wǒ bǎ lājītǒng fàng zài chúfáng li .</small>
我把垃圾桶放在厨房里。
I put the rubbish bin in the kitchen.

● 牙刷 [yáshuā] **toothbrush**

<small>Wǒ de yáshuā shì xīn mǎi de .</small>
我的牙刷是新买的。
My toothbrush is newly purchased.

● 抹布 [mābù] **rag**

<small>Wǒ zhǎo bú dào mābù .</small>
我找不到抹布。
I can't find the rag.

● 牙膏 [yágāo] **toothpaste**

<small>Wǒ de yágāo kuài yòngwán le .</small>
我的牙膏快用完了。
My toothpaste is running out.

● 拖把 [tuōbǎ] **mop**

<small>Wǒ qīngxǐ tuōbǎ .</small>
我清洗拖把。
I clean the mop.

第18章 | 洗衣篇

1. Wǒ xǐ yīfu.
我洗衣服。   I wash the clothes.

2. Wǒ bǎ yīfu fēnlèi.
我把衣服分类。   I sort the clothes.

3. Wǒ bǎ shuǐ zhùrù xǐyījī.
我把水注入洗衣机。   I fill the washing machine with water.

4. Wǒ kāi xǐyījī.
我开洗衣机。   I turn on the washing machine.

5. Wǒ shèzhì shuǐwēn.
我设置水温。   I set the water temperature.

6. Wǒ fàngrù xǐyīfěn.
我放入洗衣粉。   I add the detergent.

7. Wǒ bǎ yīfu fàngjìn xǐyījī.
我把衣服放进洗衣机。   I put the clothes in the washing machine.

8. Wǒ náchū yīfu.
我拿出衣服。   I take out the clothes.

9. Wǒ bǎ yīfu fàngrù hōnggānjī.
我把衣服放入烘干机。   I put the clothes in the dryer.

10. Wǒ yùntàng yīfu.
我熨烫衣服。   I iron the clothes.

11. Wǒ guà yīfu.
我挂衣服。   I hang up the clothes.

12. Wǒ dié yīfu.
我叠衣服。   I fold the clothes.

① Wǒ xǐ yīfu
我洗衣服。 I wash the clothes.

Yòu yǒu yi dà duī yīfu yào xǐ
又有一大堆衣服要洗。
Another big pile of clothes is waiting to be washed.

Měi dào zhōumò jiù hǎo máng ya
每到周末就好忙呀。
I am so busy every weekend.

② Wǒ bǎ yīfu fēnlèi
我把衣服分类。 I sort the clothes.

Wǒ bǎ yīfu fàng zài bù tóng de xǐyīdài li
我把衣服放在不同的洗衣袋里。
I put the clothes in different washing bags.

Yǒu yìxiē yīfu róngyì diào sè
有一些衣服容易掉色。
Some clothes lose their color easily.

③ Wǒ bǎ shuǐ zhùrù xǐyījī
我把水注入洗衣机。 I fill the washing machine with water.

Zhè tái xǐyījī tài xiǎo le
这台洗衣机太小了。
This washing machine is too small.

Shuǐ yíxiàzi jiù guànmǎn le
水一下子就灌满了。
It is easily filled with water.

④ Wǒ kāi xǐyījī
我开洗衣机。 I turn on the washing machine.

Xǐyījī de kāiguān shì nàge hóngsè de ànniǔ
洗衣机的开关是那个红色的按钮。
The washing machine's switch is that red button.

Ànxià ànniǔ jiù néng jiētōng diànyuán
按下按钮就能接通电源。
If you push the button you can turn on the power.

第18章 洗衣篇

⑤ Wǒ shèzhì shuǐwēn.
我设置水温。 I set the water temperature.

🔊 Zhè jiàn yángmáoshān yàoyòng wēnshuǐ xǐ.
这件 羊毛衫 要 用 温水洗。
This sweater needs to be washed in warm water.

🔊 Zhèyàng bǐjiào róngyì bǎoyǎng.
这样 比较 容易 保养。
Now it can be easily kept in good condition.

⑥ Wǒ fàngrù xǐyīfěn.
我放入洗衣粉。 I add the detergent.

🔊 Xǐyīfěn bù néng fàng tài duō.
洗衣粉 不 能 放 太 多。
Do not put in too much detergent.

🔊 Dàyuē jiù fàng liǎng sháo.
大约 就 放 两 勺。
Just put in about two spoonfuls.

⑦ Wǒ bǎ yīfu fàngjìn xǐyījī.
我把衣服放进洗衣机。 I put the clothes in the washing machine.

🔊 Yīfu tài duō le.
衣服 太 多 了。
There are too many clothes.

🔊 Chà yìdiǎn jiù fàng bú jìnqù le.
差 一 点 就 放 不 进去 了。
It is almost too full to add more clothes.

⑧ Wǒ náchū yīfu.
我拿出衣服。 I take out the clothes.

🔊 Yīfu háishi shī de.
衣服 还是 湿 的。
The clothes are still wet.

🔊 Gǎnjué hěn chén.
感觉 很 沉。
They are very heavy.

⑨ <ruby>我<rt>Wǒ</rt></ruby> <ruby>把<rt>bǎ</rt></ruby> <ruby>衣服<rt>yīfu</rt></ruby> <ruby>放入<rt>fàngrù</rt></ruby> <ruby>烘干机<rt>hōnggānjī</rt></ruby>。 I put the clothes in the dryer.

🔊 <ruby>希望<rt>Xīwàng</rt></ruby> <ruby>快<rt>kuài</rt></ruby> <ruby>一点<rt>yìdiǎn</rt></ruby> <ruby>烘干<rt>hōnggān</rt></ruby>。
I hope they can be dried more quickly.

🔊 <ruby>我<rt>Wǒ</rt></ruby> <ruby>马上<rt>mǎshàng</rt></ruby> <ruby>就<rt>jiù</rt></ruby> <ruby>想<rt>xiǎng</rt></ruby> <ruby>穿<rt>chuān</rt></ruby>。
I want to wear them right away.

⑩ <ruby>我<rt>Wǒ</rt></ruby> <ruby>熨烫<rt>yùntàng</rt></ruby> <ruby>衣服<rt>yīfu</rt></ruby>。 I iron the clothes.

🔊 <ruby>第一<rt>Dì-yī</rt></ruby> <ruby>次<rt>cì</rt></ruby> <ruby>使用<rt>shǐyòng</rt></ruby> <ruby>熨斗<rt>yùndǒu</rt></ruby>。
This is my first time using an iron.

🔊 <ruby>还<rt>Hái</rt></ruby> <ruby>不<rt>bú</rt></ruby> <ruby>太<rt>tài</rt></ruby> <ruby>会<rt>huì</rt></ruby> <ruby>用<rt>yòng</rt></ruby>。
I am still not good at using it.

⑪ <ruby>我<rt>Wǒ</rt></ruby> <ruby>挂<rt>guà</rt></ruby> <ruby>衣服<rt>yīfu</rt></ruby>。 I hang up the clothes.

🔊 <ruby>衣服<rt>Yīfu</rt></ruby> <ruby>挂<rt>guà</rt></ruby> <ruby>在<rt>zài</rt></ruby> <ruby>阳台<rt>yángtái</rt></ruby> <ruby>上<rt>shang</rt></ruby>。
The clothes are hung in the balcony.

🔊 <ruby>可以<rt>Kěyǐ</rt></ruby> <ruby>快<rt>kuài</rt></ruby> <ruby>一点<rt>yìdiǎn</rt></ruby> <ruby>晾干<rt>liànggān</rt></ruby>。
They can dry more quickly there.

⑫ <ruby>我<rt>Wǒ</rt></ruby> <ruby>叠<rt>dié</rt></ruby> <ruby>衣服<rt>yīfu</rt></ruby>。 I fold the clothes.

🔊 <ruby>我<rt>Wǒ</rt></ruby> <ruby>的<rt>de</rt></ruby> <ruby>衣柜<rt>yīguì</rt></ruby> <ruby>很<rt>hěn</rt></ruby> <ruby>大<rt>dà</rt></ruby>。
My wardrobe is very large.

🔊 <ruby>衣柜<rt>Yīguì</rt></ruby> <ruby>有<rt>yǒu</rt></ruby> <ruby>三<rt>sān</rt></ruby> <ruby>层<rt>céng</rt></ruby>。
There are three layers in my wardrobe.

第 19 章

学习目标：

* 掌握餐厅篇的常用词汇。
* 熟练背诵餐厅篇的12个句子，并能运用于日常生活当中。
* 了解中文句型的基本结构。
* 鼓励学生谈论自己最难忘的餐厅经历。

Goals:

* To learn the vocabulary of this chapter.
* To learn and use the 12 sentence structures introduced in this chapter.
* To learn the basic structure of Chinese sentence patterns.
* To encourage students to talk about their most unforgettable experience at a restaurant in Chinese.

餐厅篇
At the restaurant

餐厅篇
At the restaurant

超级单词 SUPER WORDS

餐具词汇 Tableware

 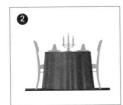  

❶ 菜单 càidān menu	❷ 桌布 zhuōbù table cloth	❸ 碗 wǎn bowl
❹ 筷子 kuàizi chopsticks	❺ 杯子 bēizi cup	❻ 碟子 diézi plate
❼ 勺子 sháozi spoon	❽ 壶 hú pot	❾ 叉子 chāzi fork
❿ 锅 guō wok	⓫ 刀子 dāozi knife	⓬ 火炉 huǒlú stove

第19章 餐厅篇

● 菜单 [càidān] **menu**

Wǒ kàn càidān
我看菜单。
I look at the menu.

● 筷子 [kuàizi] **chopsticks**

Wǒ shǐyòng yícìxìng kuàizi
我使用一次性筷子。
I use disposable chopsticks.

● 桌布 [zhuōbù] **table cloth**

Wǒ pū zhuōbù
我铺桌布。
I lay out the table cloth.

● 杯子 [bēizi] **cup**

Wǒ yòng bēizi hē shuǐ
我用杯子喝水。
I use a cup to drink water.

● 碗 [wǎn] **bowl**

Wǒ ná wǎn
我拿碗。
I take a bowl.

● 碟子 [diézi] **plate**

Wǒ duānqǐ diézi
我端起碟子。
I take a plate.

● 勺子 [sháozi] **spoon**

Wǒ yòng sháozi hē tāng .
我用勺子喝汤。
I use a spoon to have soup.

● 锅 [guō] **wok**

Wǒ yòng guō zhǔ ròu .
我用锅煮肉。
I use a wok to cook meat.

● 壶 [hú] **pot**

Wǒ yòng hú dào shuǐ .
我用壶倒水。
I use a pot to pour water.

● 刀子 [dāozi] **knife**

Wǒ bǎ dāozi dìgěi bàba .
我把刀子递给爸爸。
I pass a knife to my father.

● 叉子 [chāzi] **fork**

Wǒ náqǐ chāzi .
我拿起叉子。
I take a fork.

● 火炉 [huǒlú] **stove**

Wǒ dǎkāi huǒlú .
我打开火炉。
I turn on the stove.

第19章 餐厅篇

Wǒ qù cāntīng .
1 我去餐厅。 　　　　I go to the restaurant.

Wǒ zhǎodào yì zhāng zhuōzi .
2 我找到一张桌子。 　　I find a table.

Wǒ náqǐ càidān .
3 我拿起菜单。 　　　　I pick up the menu.

Wǒ zhǎozhao yǒu shénme hǎochī de .
4 我找找有什么好吃的。 I look for something good.

Wǒ jiào fúwùshēng .
5 我叫服务生。 　　　　I call the waiter over.

Wǒ diǎn cài .
6 我点菜。 　　　　　I order food.

Wǒ chángchang shíwù .
7 我尝尝食物。 　　　　I try some food.

Wǒ jǔjué .
8 我咀嚼。 　　　　　I chew.

Wǒ yànxià .
9 我咽下。 　　　　　I swallow.

Wǒ yāoqiú jiézhàng .
10 我要求结账。 　　　　I ask for the check.

Wǒ dàizǒu shíwù .
11 我带走食物。 　　　　I take away some food.

Wǒ liúxià xiǎofèi .
12 我留下小费。 　　　　I leave a tip.

① Wǒ qù cāntīng.
我去餐厅。I go to the restaurant.

Cāntīng de rén hěn duō.
餐厅的人很多。
There are many people in the restaurant.

Zhè jiā cāntīng de shēngyì hěn hǎo.
这家餐厅的生意很好。
This restaurant has a good business.

② Wǒ zhǎodào yì zhāng zhuōzi.
我找到一张桌子。I find a table.

Zhè zhāng zhuōzi zài dàtáng zhōngjiān.
这张桌子在大堂中间。
The table is in the middle of the hall.

Cóng zhèlǐ kěyǐ kàndào wàimiàn de fēngjǐng.
从这里可以看到外面的风景。
You can look out at the scenery from here.

③ Wǒ náqǐ càidān.
我拿起菜单。I pick up the menu.

Zhè shì yì jiā yǐ kǎoyā fēngwèi wéizhǔ de cāntīng.
这是一家以烤鸭风味为主的餐厅。
This is a restaurant featuring roast duck.

Běijīng de kǎoyā hěn chūmíng.
北京的烤鸭很出名。
Beijing roast duck is rather famous.

④ Wǒ zhǎozhao yǒu shénme hǎochī de.
我找找有什么好吃的。I look for something good.

Zhè zhāng càidān quán shì kǎoyā.
这张菜单全是烤鸭。
This menu is all about roast duck.

Nándào méiyǒu biéde le ma?
难道没有别的了吗？
Don't they have other things to offer?

第19章 餐厅篇

5 Wǒ jiào fúwùshēng
我叫服务生。 I call the waiter over.

Zhège fúwùshēng hěn yǒu lǐmào
这个服务生很有礼貌。
The waiter is very polite.

Tā gěi wǒ dàole yì bēi shuǐ
他给我倒了一杯水。
He poured me a cup of water.

6 Wǒ diǎn cài
我点菜。 I order food.

Wǒ diǎnle yì zhī kǎoyā
我点了一只烤鸭。
I ordered a roast duck.

Fúwùyuán hěn kuài jiù bǎ cài duān shànglái le
服务员很快就把菜端上来了。
The waiter served the dish very quickly.

7 Wǒ chángchang shíwù
我尝尝食物。 I try some food.

Wèidào tǐng búcuò de
味道挺不错的。
It tasted good.

Yǒudiǎnr xián
有点儿咸。
It is a bit salty.

8 Wǒ jǔjué
我咀嚼。 I chew.

Kǎoyā shì zěnme zuò de ?
烤鸭是怎么做的？
How is the roast duck cooked?

Wǒ yě xiǎng xué
我也想学。
I want to learn how to cook it, too.

⑨ Wǒ yànxià.
我咽下。I swallow.

Kǎoyā shang háiyǒu gǔtou.
烤鸭上还有骨头。
There are bones in the roast duck.

Wǒ yào xiǎoxin búyào bèi qiǎzhù.
我要小心不要被卡住。
I should be careful so the bones won't get stuck.

⑩ Wǒ yāoqiú jiézhàng.
我要求结账。I ask for the check.

Cāntīng de kèrén dōu zǒu le.
餐厅的客人都走了。
The other guests in the restaurant have all left.

Wǒ yào gǎnkuài chī.
我要赶快吃。
I should eat quickly.

⑪ Wǒ dàizǒu shíwù.
我带走食物。I take away some food.

Hěn shǎo yǒu jīhuì chī kǎoyā.
很少有机会吃烤鸭。
I rarely get to eat roast duck.

Wǒ zài diǎn yi fèn dǎbāo.
我再点一份打包。
I order another roast duck to take away.

⑫ Wǒ liúxià xiǎofèi.
我留下小费。I leave a tip.

Zhè jiā cāntīng de fúwù búcuò.
这家餐厅的服务不错。
The service at this restaurant was pretty good.

Wǒ gěile bǎi fēn zhī shí'èr de xiǎofèi.
我给了 12% 的小费。
I gave a 12% tip.

第

20
章

学习目标：

* 掌握邮局篇的常用词汇。

* 熟练背诵邮局篇的**12**个句子，并能运用于日常生活当中。

* 了解中文句型的基本结构。

* 鼓励学生谈论自己与朋友的联系方式。

Goals:

* To learn the vocabulary of this chapter.

* To learn and use the 12 sentence structures introduced in this chapter.

* To learn the basic structure of Chinese sentence patterns.

* To encourage students to talk about how they contact with their friends in Chinese.

邮局篇
At the post office

第20章　邮局篇
At the post office

超级单词 SUPER WORDS

城市生活词汇 Urban life

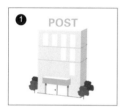 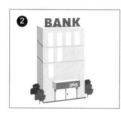  

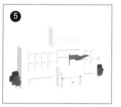 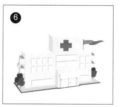  

❶ yóujú 邮局　post office	❷ yínháng 银行　bank	❸ jiàotáng 教堂　church
❹ diànyǐngyuàn 电影院　cinema	❺ xuéxiào 学校　school	❻ yīyuàn 医院　hospital
❼ zhèngfǔ 政府　government	❽ jǐngchájú 警察局　police station	❾ lǚguǎn 旅馆　hotel
❿ fàndiàn 饭店　restaurant	⓫ gōngyuán 公园　park	⓬ chāoshì 超市　supermarket

● 邮局 [yóujú] **post office**

Wǒ qù yóujú jì xìn .
我去邮局寄信。
I go to the post office to send mail.

● 电影院 [diànyǐngyuàn] **cinema**

Wǒ qù diànyǐngyuàn kàn diànyǐng .
我去电影院看电影。
I go to the cinema to watch movies.

● 银行 [yínháng] **bank**

Wǒ qù yínháng cún qián .
我去银行存钱。
I go to the bank to deposit money.

● 学校 [xuéxiào] **school**

Wǒ qù xuéxiào shàngkè .
我去学校上课。
I go to school to have classes.

● 教堂 [jiàotáng] **church**

Wǒ qù jiàotáng dǎogào .
我去教堂祷告。
I go to the church to pray.

● 医院 [yīyuàn] **hospital**

Wǒ qù yīyuàn kànbìng .
我去医院看病。
I go to the hospital to see the doctor.

● 政府 [zhèngfǔ] government

Wǒ zhīchí zhèngfǔ de juédìng .
我支持政府的决定。
I support the government's decisions.

● 饭店 [fàndiàn] restaurant

Wǒ qù fàndiàn dìng cān .
我去饭店订餐。
I go to the restaurant to order a meal.

● 警察局 [jǐngchájú] police station

Wǒ qù jǐngchájú bào 'àn .
我去警察局报案。
I go to the police station to make a report.

● 公园 [gōngyuán] park

Wǒ qù gōngyuán sànbù .
我去公园散步。
I go to the park to take a walk.

● 旅馆 [lǚguǎn] hotel

Wǒ qù lǚguǎn dìng fángjiān .
我去旅馆订房间。
I go to the hotel to book a room.

● 超市 [chāoshì] supermarket

Wǒ qù chāoshì mǎi dōngxi .
我去超市买东西。
I go to the supermarket to do some shopping.

1
Wǒ qù yóujú.
我去邮局。
I go to the post office.

2
Wǒ mǎi yóupiào.
我买邮票。
I buy stamps.

3
Wǒ xiě xìn.
我写信。
I write a letter.

4
Wǒ jìle yì fēng xìn.
我寄了一封信。
I send a letter.

5
Wǒ shōudào yì fēng xìn.
我收到一封信。
I receive a letter.

6
Wǒ zài xìnfēng shang tiēshàng yóupiào.
我在信封上 贴上邮票。
I put a stamp on the letter.

7
Wǒ bǎ xìn fēng qǐlái.
我把信封起来。
I seal the envelope.

8
Wǒ bǎ xìn tóurù yóuxiāng.
我把信投入邮箱。
I put a letter into the mailbox.

9
Wǒ zài míngxìnpiàn shang xiěshàng dìzhǐ.
我在明信片上 写上地址。
I address a postcard.

10
Wǒ jìle yì zhāng míngxìnpiàn.
我寄了一张 明信片。
I mail a postcard.

11
Wǒ chēng bāoguǒ.
我称包裹。
I weigh the package.

12
Wǒ jìle yí gè bāoguǒ.
我寄了一个包裹。
I mail a package.

① 我去邮局。I go to the post office.
Wǒ qù yóujú

邮局挺远的。
Yóujú tǐng yuǎn de
The post office is far away.

我要开车去。
Wǒ yào kāi chē qù
I need to drive there.

② 我买邮票。I buy stamps.
Wǒ mǎi yóupiào

这套邮票挺漂亮。
Zhè tào yóupiào tǐng piàoliang
This set of stamps is very beautiful.

是关于中国 5 6 个民族的。
Shì guānyú Zhōngguó wǔshíliù gè mínzú de
It is about the 56 nationalities in China.

③ 我写信。I write a letter.
Wǒ xiě xìn

很久没见到奶奶了。
Hěn jiǔ méi jiàndào nǎinai le
I haven't seen my grandma for a long time.

我挺想念她的。
Wǒ tǐng xiǎngniàn tā de
I miss her badly.

④ 我寄了一封信。I send a letter.
Wǒ jìle yì fēng xìn

我家的门口有一个邮箱。
Wǒ jiā de ménkǒu yǒu yí gè yóuxiāng
There is a mail box in front of my house.

寄信很方便。
Jì xìn hěn fāngbiàn
It is convenient to send letters.

第20章 邮局篇

⑤ Wǒ shōudào yì fēng xìn.
我收到一封信。 I receive a letter.

Yóuxiāng lǐmiàn yǒu yì fēng xìn.
邮箱里面有一封信。
There is a letter in the mail box.

Xìn shì cóng wàiguó jìlái de.
信是从外国寄来的。
The letter is sent from another country.

⑥ Wǒ zài xìnfēng shang tiēshàng yóupiào.
我在信封上贴上邮票。 I put a stamp on the letter.

Zhè zhāng yóupiào shì liǎng yuán qián de.
这张 邮票是 2 元 钱的。
This is a two yuan stamp.

Zuìjìn yóupiào zhǎngjià le.
最近邮票 涨价了。
Recently the rate of postage has risen.

⑦ Wǒ bǎ xìn fēng qǐlái
我把信封起来。 I seal the envelope.

Zhè píng jiāoshuǐ shì xīn mǎi de.
这瓶 胶水是 新买的。
This bottle of glue is recently bought.

Jiāoshuǐ hěn hǎoyòng.
胶水很好用。
This glue is good.

⑧ Wǒ bǎ xìn tóurù yóuxiāng.
我把信投入邮箱。 I put a letter into the mailbox.

Yóudìyuán tōngcháng zài měi tiān shàngwǔ qǔ xìn.
邮递员通常在每天上午取信。
The postmen usually take the mail each morning.

Xìn zài xiàwǔ fāwǎng shìjiè gè dì.
信在下午发往世界各地。
The mail is then sent all over the world in the
afternoon.

⑨ Wǒ zài míngxìnpiàn shang xiěshàng dìzhǐ

我在明信片上写上地址。 I address a postcard.

Mǎshàng yào guò Shèngdàn Jié le

马上要过圣诞节了。
Christmas is coming soon.

Wǒ yào zhǔnbèi yìxiē míngxìnpiàn zuòwéi hèkǎ

我要准备一些明信片作为贺卡。
I need to prepare some postcards to use as greeting cards.

⑩ Wǒ jìle yì zhāng míngxìnpiàn

我寄了一张明信片。 I mail a postcard.

Zhè zhāng míngxìnpiàn shì yǐ Zhōngguó 56 gè mínzú wéi zhǔtí de

这张明信片是以中国 5 6 个民族为主题的。
The theme of this postcard is the 56 nationalities in China.

Lǐmiàn de rénwù shì Yīzǐ fāngxiāng xiǎojiě

里面的人物是依子芳香小姐。
The heroine in it is Miss Aroma Yizi.

⑪ Wǒ chēng bāoguǒ

我称包裹。 I weigh the package.

Wǒ cóng "Yǔgǎn zàixiàn" mǎile yí tào shū

我从"语感在线"买了一套书。
I bought a set of books from Newabc.com website.

Zhèxiē shū dōushì guānyú xué wàiyǔ de

这些书都是关于学外语的。
These books are all about learning foreign languages.

⑫ Wǒ jìle yí gè bāoguǒ

我寄了一个包裹。 I mail a package.

Guówài de péngyou xiǎng mǎi zhè tào shū

国外的朋友想买这套书。
A friend abroad wants to buy this set of books.

Tā tuō wǒ mǎile yǐhòu jìgěi tā

他托我买了以后寄给他。
He asked me to buy one for him and send it to him by mail.

学习目标：

* 掌握电话篇的常用词汇。
* 熟练背诵电话篇的12个句子，并能运用于日常生活当中。
* 了解中文句型的基本结构。
* 鼓励学生通过角色扮演练习电话用语。

Goals:

* To learn the vocabulary of this chapter.
* To learn and use the 12 sentences.
* To learn the basic structure of Chinese sentence patterns.
* To encourage students to practice their telephone language through role plays in Chinese.

电话篇
Telephone calls

第21章　电话篇
Telephone calls

超级单词 SUPER WORDS

国家词汇 Countries

  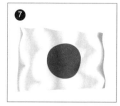 

① Měiguó 美国 America	**②** Zhōngguó 中国 China	**③** Éluósī 俄罗斯 Russia
④ Fǎguó 法国 France	**⑤** Déguó 德国 Germany	**⑥** Xībānyá 西班牙 Spain
⑦ Rìběn 日本 Japan	**⑧** Hánguó 韩国 South Korea	**⑨** Yìdàlì 意大利 Italy
⑩ Pútáoyá 葡萄牙 Portugal	**⑪** Tàiguó 泰国 Thailand	**⑫** Yuènán 越南 Vietnam

● 美国 [Měiguó] **America**

Wǒ zài Měiguó xué Yīngyǔ .
我在美国学英语。
I learn English in America.

● 法国 [Fǎguó] **France**

Wǒ zài Fǎguó xué Fǎyǔ .
我在法国学法语。
I learn French in France.

● 中国 [Zhōngguó] **Chinese**

Wǒ zài Zhōngguó xué Hànyǔ .
我在中国学汉语。
I learn Chinese in China.

● 德国 [Déguó] **Germany**

Wǒ zài Déguó xué Déyǔ .
我在德国学德语。
I learn German in Germany.

● 俄罗斯 [Éluósī] **Russia**

Wǒ zài Éluósī xué Éyǔ .
我在俄罗斯学俄语。
I learn Russian in Russia.

● 西班牙 [Xībānyá] **Spain**

Wǒ zài Xībānyá xué Xībānyáyǔ .
我在西班牙学西班牙语。
I learn Spanish in Spain.

● 日本 [Rìběn] **Japan**

Wǒ zài Rìběn xué Rìyǔ.
我在日本学日语。
I learn Japanese in Japan.

● 葡萄牙 [Pútáoyá] **Portugal**

Wǒ zài Pútáoyá xué Pútáoyáyǔ.
我在葡萄牙学葡萄牙语。
I learn Portuguese in Portugal.

● 韩国 [Hánguó] **South Korea**

Wǒ zài Hánguó xué Hányǔ.
我在韩国学韩语。
I learn Korean in South Korea.

● 泰国 [Tàiguó] **Thailand**

Wǒ zài Tàiguó xué Tàiyǔ.
我在泰国学泰语。
I learn Thai in Thailand.

● 意大利 [Yìdàlì] **Italy**

Wǒ zài Yìdàlì xué Yìdàlìyǔ.
我在意大利学意大利语。
I learn Italian in Italy.

● 越南 [Yuènán] **Vietnam**

Wǒ zài Yuènán xué Yuènányǔ.
我在越南学越南语。
I learn Vietnamese in Vietnam.

第21章 电话篇

Wǒ dǎ diànhuà.
1 我打电话。 I make a call.

Wǒ náqǐ diànhuà.
2 我拿起电话。 I pick up the phone.

Wǒ bō hàomǎ.
3 我拨号码。 I dial the number.

Wǒ liúyán.
4 我留言。 I leave a message.

Wǒ guàshàng huàtǒng.
5 我挂上话筒。 I hang up the phone.

Wǒ dǎ shìnèi diànhuà.
6 我打市内电话。 I make a local call.

Wǒ dǎ chángtú diànhuà.
7 我打长途电话。 I make a long distance call.

Wǒ dǎ guójì diànhuà.
8 我打国际电话。 I make an international call.

Wǒ jiē diànhuà.
9 我接电话。 I take the call.

Wǒ jìxià liúyán.
10 我记下留言。 I take a message.

Wǒ tīngdào diànhuà língshēng.
11 我听到电话铃声。 I hear the phone ring.

Wǒ jiētīng diànhuà.
12 我接听电话。 I answer the phone.

Wǒ dǎ diànhuà .
① 我打电话。 I make a call.

Jīntiān shì Zhōngguó de xīnnián .
今天是中国的新年。
Today is Chinese New Year.

Wǒ zhǔnbèi dǎ diànhuà xiàng qīnyǒu bàinián .
我准备打电话 向亲友拜年。
I would like to call my relatives and friends to
wish them a happy new year.

Wǒ náqǐ diànhuà .
② 我拿起电话。 I pick up the phone.

Zhè bù diànhuà de shēngyīn tài xiǎo .
这部电话的声音太小。
The sound through this telephone is too quiet.

Wǒ zhǔnbèi huàn yí bù diànhuà .
我准备 换一部电话。
I am going to change this phone for another one.

Wǒ bō hàomǎ .
③ 我拨号码。 I dial the number.

Guójì chángtú yào jiābō guójì qūhào .
国际长途要加拨国际区号。
To make an international phone call, you need
to dial the international code.

Zhōngguó de guójì qūhào shì bā liù .
中国的国际区号是86。
The international code for China is 86.

Wǒ liúyán .
④ 我留言。 I leave a message.

Diànhuà méiyǒu rén jiē .
电话没有人接。
There is no one answering the phone.

Diànhuà li yǒu zìdòng lùyīn tíshì .
电话里有自动录音提示。
There is an answering machine on the phone.

第21章 电话篇

173

第21章 电话篇

⑤ Wǒ guàshàng huàtǒng.
我挂上话筒。I hang up the phone.

Háiyào chá jǐ gè qīnyǒu de diànhuà.
还要查几个亲友的电话。
I need to check several relatives' phone numbers.

Wǒ yào qù ná diànhuà hàomǎběn.
我要去拿电话号码本。
I am going to take the phone book.

⑥ Wǒ dǎ shìnèi diànhuà.
我打市内电话。I make a local call.

Biǎomèi hé wǒ zhù zài yí gè chéngshì.
表妹和我住在一个城市。
My cousin and I live in the same city.

Wǒmen chuànmén hěn fāngbiàn.
我们串门很方便。
It is rather convenient for us to drop around to each other's houses.

⑦ Wǒ dǎ chángtú diànhuà.
我打长途电话。I make a long distance call.

Nǎinai zhù zài wàidì.
奶奶住在外地。
My grandma lives far away.

Wǒmen měi nián dàyuē jiànliǎng cì miàn.
我们每年大约见两次面。
We meet each other about twice a year.

⑧ Wǒ dǎ guójì diànhuà.
我打国际电话。I make an international call.

Biǎogē zài Niǔyuē gōngzuò.
表哥在纽约工作。
My cousin works in New York.

Tā gānggāng yímín dào Měiguó.
他刚刚移民到美国。
He has just immigrated to the United States.

⑨ Wǒ jiē diànhuà .
我接电话。I take the call.

Shì biǎodì dǎlái de diànhuà .
是表弟打来的电话。
It is from my cousin.

Tā xiàng wǒmen quán jiā bàinián .
他向我们全家拜年。
He wishes the whole family a happy new year.

⑩ Wǒ jìxià liúyán .
我记下留言。I take a message.

Biǎodì shuōle yí dà duī zhùfú de huà .
表弟说了一大堆祝福的话。
He sends lots of good wishes.

Tā yào wǒ zhuǎndá qīnyǒu .
他要我转达亲友。
He asks me to give his regards to our relatives.

⑪ Wǒ tīngdào diànhuà língshēng .
我听到电话铃声。I hear the phone ring.

Lóushàng de diànhuà xiǎng le .
楼上的电话响了。
The phone is ringing upstairs.

Wǒ xiǎng shàng lóu qù jiē diànhuà .
我想上楼去接电话。
I want to go upstairs to answer the phone.

⑫ Wǒ jiētīng diànhuà .
我接听电话。I answer the phone.

Chà yìdiǎn jiù méiyǒu jiēdào diànhuà .
差一点就没有接到电话。
I almost miss the phone call.

Diànhuà shì biǎomèi cóng Běijīng dǎlái de .
电话是表妹从北京打来的。
The phone call is from my cousin in Beijing.

第 22 章

学习目标：
* 掌握衣服篇的常用词汇。
* 熟练背诵衣服篇的12个句子，并能运用于日常生活当中。
* 了解中文句型的基本结构。
* 鼓励学生谈论自己服饰的喜好。

Goals:

* To learn the vocabulary of this chapter.
* To learn and use the 12 sentence structures introduced in this chapter.
* To learn the basic structure of Chinese sentence patterns.
* To encourage students to discuss their opinions about clothing in Chinese.

衣服篇
Clothes

衣服篇
Clothes

超级单词 SUPER WORDS

衣物词汇 Clothing

❶ chènshān 衬衫 shirt	❷ qúnzi 裙子 skirt	❸ kùzi 裤子 trousers
❹ xiézi 鞋子 shoe	❺ lǐngdài 领带 tie	❻ pídài 皮带 belt
❼ xīzhuāng 西装 suit	❽ tuōxié 拖鞋 slipper	❾ wàzi 袜子 sock
❿ máoyī 毛衣 sweater	⓫ shuìyī 睡衣 pajamas	⓬ dàyī 大衣 overcoat

● 衬衫 [chènshān] shirt

Wǒ tuōxià chènshān .
我脱下衬衫。
I take off my shirt.

● 鞋子 [xiézi] shoe

Wǒ yǒu yì shuāng kě'ài de xiézi .
我有一双可爱的鞋子。
I have a pair of cute shoes.

● 裙子 [qúnzi] skirt

Wǒ xǐhuan zhè tiáo qúnzi .
我喜欢这条裙子。
I like this skirt.

● 领带 [lǐngdài] tie

Wǒ jiěkāi lǐngdài .
我解开领带。
I undo my tie.

● 裤子 [kùzi] trousers

Wǒ chuānshàng kùzi .
我穿上裤子。
I put on trousers.

● 皮带 [pídài] belt

Wǒ jìshàng pídài .
我系上皮带。
I buckle my belt.

● **西装** [xīzhuāng] **suit**

Wǒ dìngzuòle yí tào xīzhuāng .
我订做了一套西装。
I order myself a suit.

● **毛衣** [máoyī] **sweater**

Wǒ zài zhī máoyī .
我在织毛衣。
I knit a sweater.

● **拖鞋** [tuōxié] **slipper**

Wǒ chuānshàng tuōxié .
我穿上拖鞋。
I put on the slippers.

● **睡衣** [shuìyī] **pajamas**

Wǒ chuānshàng shuìyī .
我穿上睡衣。
I put on pajamas.

● **袜子** [wàzi] **sock**

Wǒ tuōxià wàzi .
我脱下袜子。
I take off my socks.

● **大衣** [dàyī] **overcoat**

Wǒ pīshàng dàyī .
我披上大衣。
I put on an overcoat.

第22章 衣服篇

Wǒ qù gòuwù
1 我去购物。   I go shopping.

Wǒ zhǎo yí jiàn jiákè .
2 我找一件夹克。   I look for a jacket.

Wǒ zǒujìn shìyījiān
3 我走进试衣间。   I go into a dressing room.

Wǒ shìchuān .
4 我试穿。   I try it on.

Wǒ quèrèn yíxià chǐcùn .
5 我确认一下尺寸。   I check the size.

Wǒ chuānzhe hěn hǎokàn .
6 我穿着很好看。   I look nice in it.

Wǒ zhēngqiú yìjiàn .
7 我征求意见。   I ask for the advice.

Wǒ juédìng yào mǎi .
8 我决定要买。   I decide to buy it.

Wǒ fù xiànjīn .
9 我付现金。   I pay cash.

Wǒ dàihuí jiā .
10 我带回家。   I take it home.

Wǒ chuān yīfu .
11 我穿衣服。   I put on the clothing.

Wǒ tuō yīfu
12 我脱衣服。   I take off the clothing.

① Wǒ qù gòuwù.
我去购物。 I go shopping.

Jīntiān shì zhōumò.
今天是周末。
Today is the weekend.

Jiē shang de rén zhēn duō.
街上的人真多。
There are a lot of people on the street.

② Wǒ zhǎo yí jiàn jiákè.
我找一件夹克。 I look for a jacket.

Wǒ hěn xǐhuan nà bù yǐngpiàn zhōng de jiákè.
我很喜欢那部影片 中的夹克。
I like the jacket that was in that movie.

Bù zhīdào yǒu méiyǒu mài de.
不知道有没有卖的。
I wonder whether we can get it.

③ Wǒ zǒujìn shìyījiān.
我走进试衣间。 I go into a dressing room.

Zhège shìyījiān zhēn dà.
这个试衣间真大。
The dressing room is so huge.

Shìyījiān li yǒu yí miàn jìngzi.
试衣间里有一面镜子。
There is a mirror in the dressing room.

④ Wǒ shìchuān.
我试穿。 I try it on.

Wǒ chuān zhōngmǎ de jiákè.
我 穿 中码的夹克。
I wear a medium size jacket.

Zhè jiàn tài xiǎo le.
这件太小了。
This one is too small.

第22章 衣服篇

181

❺ Wǒ quèrèn yíxià chǐcùn.
我确认一下尺寸。 I check the size.

🔊 Chǐcùn de wèizhì zài lǐngkǒu chù.
尺寸的位置在领口处。
The size is indicated near collar.

🔊 Zhè jiàn yīfu bú shì wǒ de chǐcùn.
这件衣服不是我的尺寸。
This piece of clothing is not my size.

❻ Wǒ chuānzhe hěn hǎokàn.
我穿着很好看。 I look nice in it.

🔊 Zhège yánsè hěn hǎokàn.
这个颜色很好看。
This color is beautiful.

🔊 Kuǎnxíng yě hěn shìhé wǒ.
款型也很适合我。
The style is very suitable for me.

❼ Wǒ zhēngqiú yìjiàn.
我征求意见。 I ask for the advice.

🔊 Wǒ wèn fúwùyuán de yìjiàn.
我问服务员的意见。
I ask the server for advice.

🔊 Tā yě rènwéi hěn hǎokàn.
她也认为很好看。
She also thinks that it is beautiful.

❽ Wǒ juédìng yào mǎi.
我决定要买。 I decide to buy it.

🔊 Wǒ guònián gānggāng shōule hóngbāo.
我过年刚刚收了红包。
I just got lucky money for the Spring Festival.

🔊 Wǒ háiyǒu hěn duō línghuāqián.
我还有很多零花钱。
I still have a lot of pocket money.

⑨ Wǒ fù xiànjīn.
我付现金。 I pay cash.

🔊 Jīntiān wàngjì dài xìnyòngkǎ le.
今天忘记带信用卡了。
I forgot to bring my credit card today.

🔊 Xìngkuī wǒ dàile hěn duō xiànjīn.
幸亏我带了很多现金。
Fortunately, I brought a lot of cash.

⑩ Wǒ dàihuí jiā.
我带回家。 I take it home.

🔊 Fúwùyuán gěile wǒ yí gè bāozhuāngdài.
服务员给了我一个包装袋。
The server gave me a packaging bag.

🔊 Wǒ bǎ jiákè zhuāng zài lǐmiàn.
我把夹克 装 在里面。
I put the jacket inside it.

⑪ Wǒ chuān yīfu.
我穿衣服。 I put on the clothing.

🔊 Huí jiā hòu wǒ yòu shìle yí biàn.
回家后我又试了一遍。
I tried it on after I went home.

🔊 Gǎnjué hěn héshì.
感觉很合适。
It looked good on me.

⑫ Wǒ tuō yīfu.
我脱衣服。 I take off the clothing.

🔊 Míngtiān wǒ zhǔnbèi chuān zhè jiàn xīn jiákè.
明天我准备 穿 这件新夹克。
I will wear this new jacket tomorrow.

🔊 Wǒ xiān bǎ tā fàng zài yīguì li.
我先把它放在衣柜里。
I put it in my wardrobe first.

第 23 章

学习目标：

* 掌握银行篇的常用词汇。
* 熟练背诵银行篇的12个句子，并能运用于日常生活当中。
* 了解中文句型的基本结构。
* 鼓励学生谈论自己喜欢购买的东西。

Goals:

* To learn the vocabulary of this chapter.
* To learn and use the 12 sentence structures introduced in this chapter.
* To learn the basic structure of Chinese sentence patterns.
* To encourage students to talk about their favorite things to buy in Chinese.

银行篇
At the bank

第23章

银行篇
At the bank

超级单词 SUPER WORDS

日历词汇 Calendar

1. yīyuè 一月 January
2. èryuè 二月 February
3. sānyuè 三月 March
4. sìyuè 四月 April
5. wǔyuè 五月 May
6. liùyuè 六月 June
7. qīyuè 七月 July
8. bāyuè 八月 August
9. jiǔyuè 九月 September
10. shíyuè 十月 October
11. shíyīyuè 十一月 November
12. shí'èryuè 十二月 December

第23章 银行篇

● 一月 [yīyuè] **January**

Wǒ yīyuè qù Jiānádà
我一月去加拿大。
I go to Canada in January.

● 二月 [èryuè] **February**

Wǒ èryuè qù Yīngguó
我二月去英国。
I go to England in February.

● 三月 [sānyuè] **March**

Wǒ sānyuè qù Àodàlìyà
我三月去澳大利亚。
I go to Australia in March.

● 四月 [sìyuè] **April**

Wǒ sìyuè kāishǐ xué wàiyǔ
我四月开始学外语。
I begin to learn a foreign language in April.

● 五月 [wǔyuè] **May**

Wǒ wǔyuè kāishǐ xué yóuyǒng
我五月开始学游泳。
I begin to learn to swim in May.

● 六月 [liùyuè] **June**

Wǒ liùyuè zhǔnbèi kǎoshì
我六月准备考试。
I prepare for an exam in June.

● 七月 [qīyuè] **July**

Wǒ qīyuè fàng shǔjià .
我七月放暑假。
I have a summer holiday in July.

● 十月 [shíyuè] **October**

Wǒ shíyuè qù bànlǐ qiānzhèng .
我十月去办理签证。
I apply for a visa in October.

● 八月 [bāyuè] **August**

Wǒ bāyuè qù Ruìshì .
我八月去瑞士。
I go to Switzerland in August.

● 十一月 [shíyīyuè] **November**

Wǒ shíyīyuè chūguó lǚyóu .
我十一月出国旅游。
I go abroad for traveling in November.

● 九月 [jiǔyuè] **September**

Wǒ jiǔyuè huí xuéxiào .
我九月回学校。
I go back to school in September.

● 十二月 [shí'èryuè] **December**

Wǒ shí'èryuè fàng hánjià .
我十二月放寒假。
I have winter holidays in December.

第23章 银行篇

1 Wǒ zǒujìn yínháng.
我走进银行。 I walk into the bank.

2 Wǒ páiduì děnghòu.
我排队等候。 I wait in line.

3 Wǒ xiàng qián zǒu.
我向前走。 I move forward.

4 Wǒ nádào xiànjīn.
我拿到现金。 I take the cash.

5 Wǒ shǔ qián.
我数钱。 I count my money.

6 Wǒ cún kuǎn.
我存款。 I make a deposit.

7 Wǒ shǐyòng yínhángkǎ.
我使用银行卡。 I use a bank card.

8 Wǒ chārù yínhángkǎ.
我插入银行卡。 I insert my bank card.

9 Wǒ shūrù gèrén mìmǎ.
我输入个人密码。 I enter my PIN number.

10 Wǒ tíqǔ xiànjīn.
我提取现金。 I withdraw cash.

11 Wǒ qǔchū yínhángkǎ.
我取出银行卡。 I remove my bank card.

12 Wǒ zǒuchū mén.
我走出门。 I go out of the door.

Wǒ zǒujìn yínháng.
1 我走进银行。I walk into the bank.

Zhège shèqū yǒu jǐ jiā yínháng.
这个社区有几家银行。
There are several banks in this community.

Wǒ zuì xǐhuan qù de shì jiēkǒu nà jiā.
我最喜欢去的是街口那家。
My favorite one is located on the corner at my street.

Wǒ páiduì děnghòu.
2 我排队等候。I wait in line.

Yínháng gāng kāi mén.
银行刚开门。
The bank has just opened.

Qǔ qián de rén hěn duō.
取钱的人很多。
A lot of people are drawing money.

Wǒ xiàng qián zǒu.
3 我向前走。I move forward.

Hǎobù róngyì lúndào wǒ le.
好不容易轮到我了。
It takes a long time for my turn to arrive.

Wǒ zài sān hào chuāngkǒu.
我在 3 号窗口。
I'm at window three.

Wǒ nádào xiànjīn.
4 我拿到现金。I take the cash.

Wǒ qǔle yìqiān yuán.
我取了1000元。
I withdraw 1,000 yuan.

Fúwùyuán de tàidu hěn hǎo.
服务员的态度很好。
The servers are friendly.

第23章 银行篇

5 Wǒ shǔ qián.
我数钱。 I count my money.

🔊 Zhè dōu shì yìbǎi yuán yì zhāng de.
这都是100元一张的。
They are all 100 yuan bills.

🔊 Zǒnggòng yǒu shí zhāng.
总共有10张。
There are altogether ten bills.

6 Wǒ cún kuǎn.
我存款。 I make a deposit.

🔊 Wǒ cún yìxiē qián zài yínhángkǎ li.
我存一些钱在银行卡里。
I deposit some money onto my bank card.

🔊 Shǐyòng yínhángkǎ gèng fāngbiàn.
使用银行卡更方便。
It's convenient to use a bank card.

7 Wǒ shǐyòng yínhángkǎ.
我使用银行卡。 I use a bank card.

🔊 Yínhángkǎ shì yì zhāng míngpiàn dàxiǎo de cíkǎ.
银行卡是一张名片大小的磁卡。
A bank card is the size of a business card.

🔊 Cíkǎtiáo shì yònglái dúqǔ xìnxī de.
磁卡条是用来读取信息的。
Its magnetic strip is used to read information.

8 Wǒ chārù yínhángkǎ.
我插入银行卡。 I insert my bank card.

🔊 Tíkuǎnjī zài yínháng de guìtái páng.
提款机在银行的柜台旁。
The ATM is near the bank counters.

🔊 Měi tiān zuì duō kěyǐ qǔ liǎngwàn yuán.
每天最多可以取20000元。
At most, 20,000 yuan a day can be withdrawn.

9 Wǒ shūrù gèrén mìmǎ.
我输入个人密码。 I enter my PIN number.

Mìmǎ tōngcháng shì yóu liù wèi shùzì zǔchéng.
密码通常是由6位数字组成。
A PIN usually consists of six numbers.

Wǒ chà yìdiǎn wàngle mìmǎ.
我差一点忘了密码。
I almost forget my PIN number.

10 Wǒ tíqǔ xiànjīn.
我提取现金。 I withdraw cash.

Yǒuxiē tíkuǎnjī bù néng qǔ xiànjīn.
有些提款机不能取现金。
Some ATMs can't be used to withdraw cash.

Nà tái jiù zhǐnéng zhuǎnzhàng hé cháxún.
那台就只能转账和查询。
That one can only be used to transfer money and make inquiries.

11 Wǒ qǔchū yínhángkǎ.
我取出银行卡。 I remove my bank card.

Wǒ bǎ yínhángkǎ wàng zài tíkuǎnjī li le.
我把银行卡忘在提款机里了。
I forgot my bank card in the ATM.

Xìngkuī bèi yínháng zhíyuán fāxiàn.
幸亏被银行职员发现。
Luckily, it was found by the bank clerk.

12 Wǒ zǒuchū mén.
我走出门。 I go out of the door.

Yínháng de bǎo'ān hěn duō.
银行的保安很多。
There are a lot of security guards in the bank.

Yǒushí bǎo'ān hái huì pèi qiāng.
有时保安还会配枪。
Sometimes the security guards wear guns.

24章

学习目标：
* 掌握饮食篇的常用词汇。
* 熟练背诵饮食篇的12个句子，并能运用于日常生活当中。
* 了解中文句型的基本结构。
* 鼓励学生谈论自己最喜欢吃的食物。

Goals:
* To learn the vocabulary of this chapter.
* To learn and use the 12 sentence structures introduced in this chapter.
* To learn the basic structure of Chinese sentence patterns.
* To encourage students to talk about their favorite foods in Chinese.

饮食篇
Food

第24章　饮食篇 Food

超级单词 SUPER WORDS

蔬菜词汇 Vegetables

1. yùmǐ 玉米 corn
2. huángguā 黄瓜 cucumber
3. bōcài 菠菜 spinach
4. qiézi 茄子 eggplant
5. tǔdòu 土豆 potato
6. xīhóngshì 西红柿 tomato
7. làjiāo 辣椒 pepper
8. húluóbo 胡萝卜 carrot
9. yángcōng 洋葱 onion
10. báicài 白菜 cabbage
11. mógu 蘑菇 mushroom
12. qíncài 芹菜 celery

● **玉米** [yùmǐ] **corn**

Wǒ bāo yùmǐ .
我剥玉米。
I husk corns.

● **茄子** [qiézi] **eggplant**

Wǒ zài zuò hóngshāoqiézi .
我在做红烧茄子。
I am making braised eggplant.

● **黄瓜** [huángguā] **cucumber**

Wǒ xǐhuan chī huángguā .
我喜欢吃黄瓜。
I like eating cucumbers.

● **土豆** [tǔdòu] **potato**

Wǒ qiē tǔdòu .
我切土豆。
I cut potatoes.

● **菠菜** [bōcài] **spinach**

Wǒ zài xǐ bōcài .
我在洗菠菜。
I am washing the spinach.

● **西红柿** [xīhóngshì] **tomato**

Wǒ bǎ xīhóngshì fàngjìn tāng li .
我把西红柿放进汤里。
I put tomatoes in the soup.

● 辣椒 [làjiāo] pepper

Wǒ xǐhuan chī làjiāo .
我喜欢吃辣椒。
I like eating pepper.

● 白菜 [báicài] cabbage

Wǒ xǐ báicài .
我洗白菜。
I wash the cabbage.

● 胡萝卜 [húluóbo] carrot

Wǒ xiāo húluóbo .
我削胡萝卜。
I peel the carrot.

● 蘑菇 [mógu] mushroom

Wǒ cǎi mógu .
我采蘑菇。
I pick mushrooms.

● 洋葱 [yángcōng] onion

Wǒ qiē yángcōng .
我切洋葱。
I cut onions.

● 芹菜 [qíncài] celery

Wǒ tízhe yì lán qíncài .
我提着一篮芹菜。
I take a basket of celery.

第24章

饮食篇

Wǒ zuò chǎodàn .

1 我做炒蛋。 I cook scrambled eggs.

Wǒ dǎ liǎng gè dàn .

2 我打两个蛋。 I break two eggs.

Wǒ bǎ dànzhī dàorù guō nèi .

3 我把蛋汁倒入锅内。 I pour the eggs into the pan.

Wǒ chǎobàn .

4 我炒拌。 I stir.

Wǒ zhǔshú tā .

5 我煮熟它。 I cook until it's done.

Wǒ zuò jītāng .

6 我做鸡汤。 I make chicken soup.

Wǒ bǎ jīròu qiē kuài .

7 我把鸡肉切块。 I cut up the chicken.

Wǒ zhǔ jīròu .

8 我煮鸡肉。 I boil the chicken.

Wǒ jiārù shūcài .

9 我 加入蔬菜。 I add the vegetables.

Wǒ xiāo húluóbopí .

10 我削胡萝卜皮。 I peel the carrots.

Wǒ bǎ húluóbo qiēchéng piàn .

11 我把胡萝卜切成 片。 I slice the carrots.

Wǒ bǎ tā zhǔ sānshí fēnzhōng .

12 我把它煮30分钟。 I cook it for 30 minutes.

① Wǒ zuò chǎodàn .
我做炒蛋。 I cook scrambled eggs.

Wǒ cóng càishìchǎng mǎile yì jīn dàn .
我从 菜市场买了一斤蛋。
I bought half a kilogram of eggs.

Jīdàn hěn xīnxiān .
鸡蛋很新鲜。
The eggs are very fresh.

② Wǒ dǎ liǎng gè dàn .
我打两个蛋。 I break two eggs.

Dànké shì huángsè de .
蛋壳是黄色的。
The eggshells are yellow.

Dànké lǐmiàn shì dànhuáng hé dànqīng .
蛋壳里面是蛋 黄和蛋清。
There is yolk and egg white in the eggshell.

③ Wǒ bǎ dànzhī dàorù guō nèi .
我把蛋汁倒入锅内。 I pour the eggs into the pan.

Xiān zài guō nèi fàngrù yóu .
先在锅内放入油。
Pour oil into the pan first.

Děng yóu shāorè zài fàng dànzhī .
等油烧热再放蛋汁。
Pour in the mixed eggs when the oil is hot.

④ Wǒ chǎobàn .
我炒拌。 I stir.

Jīdàn hěn kuài jiù shú le .
鸡蛋很快就熟了。
The eggs are done quickly.

Wǒ bǎ chǎodàn zhuāngjìn wǎn li .
我把炒蛋 装进 碗里。
I put the scrambled eggs into a bowl.

第24章 饮食篇

197

第24章 饮食篇

⑤ Wǒ zhǔshú tā.
我煮熟它。 I cook until it's done.

Zhǔ jīdàn dàyuē xūyào shí fēnzhōng.
🔊 煮鸡蛋大约需要10分钟。
It takes about ten minutes to cook eggs.

Jīdàn hěn kuài jiù néng chī le.
🔊 鸡蛋很快就能吃了。
The eggs will be ready soon.

⑥ Wǒ zuò jītāng.
我做鸡汤。 I make chicken soup.

Jītāng de wèidào hěn xiānměi.
🔊 鸡汤的味道很鲜美。
The chicken soup tastes delicious.

Jiùshì tāng tài xián le.
🔊 就是汤太咸了。
But the soup is a bit salty.

⑦ Wǒ bǎ jīròu qiē kuài.
我把鸡肉切块。 I cut up the chicken.

Jīròu bú tài hǎo qiē.
🔊 鸡肉不太好切。
The chicken is not easy to cut.

Ròukuài qiē de tài dà le.
🔊 肉块切得太大了。
The chicken meat is too big.

⑧ Wǒ zhǔ jīròu.
我煮鸡肉。 I boil the chicken.

Zhè kuài jīròu shì gāng mǎi de.
🔊 这块鸡肉是刚买的。
This piece of chicken is freshly bought.

Jīròu hái méiyǒu jiědòng.
🔊 鸡肉还没有解冻。
It has not thawed out.

⑨ Wǒ jiārù shūcài.
我加入蔬菜。I add the vegetables.

Chī shūcài yǒuyì jiànkāng.
吃蔬菜有益健康。
Eating vegetables is good for your health.

Shūcài zhōng yǒu hěn duō wéishēngsù.
蔬菜中有很多维生素。
Vegetables contain various vitamins.

⑩ Wǒ xiāo húluóbopí.
我削胡萝卜皮。I peel the carrots.

Zhè bǎ dāo bú gòu fēnglì.
这把刀不够锋利。
This knife is not sharp enough.

Xià cì yàohuàn yì bǎ dāo.
下次要换一把刀。
Replace another one next time.

⑪ Wǒ bǎ húluóbo qiēchéng piàn.
我把胡萝卜切成片。I slice the carrots.

Wǒ bú huì qiē cài.
我不会切菜。
I can't cut vegetables.

Húluóbopiàn tài hòu le.
胡萝卜片太厚了。
The carrot slices are too thick.

⑫ Wǒ bǎ tā zhǔ sānshí fēnzhōng.
我把它煮30分钟。I cook it for 30 minutes.

Zhège guō yǒu zìdòng dìngshí zhuāngzhì.
这个锅有自动定时装置。
This pan has an automatic timer.

Liàng hóngdēng jiù biǎoshi diànyuán jiētōng le.
亮红灯就表示电源接通了。
The electricity is on when the red light appears.

25章

学习目标：

* 掌握医院篇的常用词汇。
* 熟练背诵医院篇的12个句子，并能运用于日常生活当中。
* 了解中文句型的基本结构。
* 鼓励学生谈论自己的生病经历。

Goals:

* To learn the vocabulary of this chapter.
* To learn and use the 12 sentence structures introduced in this chapter.
* To learn the basic structure of Chinese sentence patterns.
* To encourage students to talk about their experiences of being sick in Chinese.

医院篇
At the hospital

医院篇
At the hospital

超级单词 SUPER WORDS

身体词汇 Body

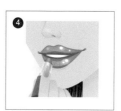

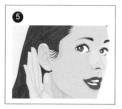
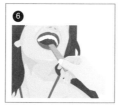
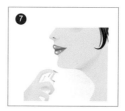
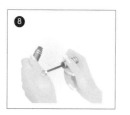

❶ liǎn 脸 face	❷ yǎnjing 眼睛 eye	❸ bízi 鼻子 nose
❹ zuǐ 嘴 mouth	❺ ěrduo 耳朵 ear	❻ hóulong 喉咙 throat
❼ bózi 脖子 neck	❽ shǒu 手 hand	❾ jiǎo 脚 foot
❿ bèi 背 back	⓫ jiān 肩 shoulder	⓬ pífū 皮肤 skin

第25章 医院篇

● 脸 [liǎn] face

Wǒ xǐ liǎn .
我洗脸。
I wash my face.

● 嘴 [zuǐ] mouth

Wǒ zhāngkāi zuǐ .
我张开嘴。
I open my mouth.

● 眼睛 [yǎnjǐng] eye

Wǒ zhēngkāi yǎnjing .
我睁开眼睛。
I open my eyes.

● 耳朵 [ěrduo] ear

Wǒ mō ěrduo .
我摸耳朵。
I touch my ear.

● 鼻子 [bízi] nose

Wǒ bízi liú xuè le .
我鼻子流血了。
My nose is bleeding.

● 喉咙 [hóulong] throat

Wǒ hóulong tòng .
我喉咙痛。
My throat is sore.

● 脖子 [bózi] neck

Wǒ shēn bózi .
我伸脖子。
I stretch my neck.

● 背 [bèi] back

Wǒ gěi nǎinai chuí bèi .
我给奶奶捶背。
I pat my grandmother on her back.

● 手 [shǒu] hand

Wǒ jǔ shǒu .
我举手。
I put up my hand.

● 肩 [jiān] shoulder

Wǒ sǒng jiān .
我耸肩。
I shrug my shoulders.

● 脚 [jiǎo] foot

Wǒ gěi bǎobao xǐ jiǎo .
我给宝宝洗脚。
I wash the baby's feet.

● 皮肤 [pífū] skin

Wǒ zuò pífū jiǎncè .
我做皮肤检测。
I have a skin test.

1 我看病。
Wǒ kànbìng .

I see a doctor.

2 我感冒了。
Wǒ gǎnmào le .

I have a cold.

3 我发烧了。
Wǒ fāshāo le .

I have a fever.

4 我头痛。
Wǒ tóu tòng .

I have a headache.

5 我咳嗽。
Wǒ késou .

I have a cough.

6 我喉咙痛。
Wǒ hóulong tòng .

I have a sore throat.

7 我没有食欲。
Wǒ méiyǒu shíyù .

I have no appetite.

8 我胃痛。
Wǒ wèi tòng .

I have a stomach ache.

9 我觉得不舒服。
Wǒ juéde bù shūfu .

I feel sick.

10 我觉得头晕。
Wǒ juéde tóu yūn .

I feel dizzy.

11 我量体温。
Wǒ liáng tǐwēn .

I take my temperature.

12 我拿药。
Wǒ ná yào .

I take some medicine.

1 Wǒ kànbìng .
我看病。 I see a doctor.

Yīyuàn kànménzhěn de rén hěn duō .
医院看门诊的人很多。
There are a lot of people in the clinic.

Wǒ háiyào páiduì .
我还要排队。
I need to wait in line.

2 Wǒ gǎnmào le .
我感冒了。 I have a cold.

Jīntiān wàimiàn hěn lěng .
今天外面很冷。
It is very cold outside.

Yīfu chuānshǎo le .
衣服穿少了。
I didn't wear enough clothes.

3 Wǒ fāshāo le .
我发烧了。 I have a fever.

Wǒ gǎnjué étóu hěntàng .
我感觉额头很烫。
I feel my forehead is burning.

Tǐwēn kěnéng dào sānshíjiǔ dù le .
体温可能到３９度了。
My body temperature has probably reached 39°.

4 Wǒ tóu tòng .
我头痛。 I have a headache.

Wǒ shàngwǔ chīle zhǐténgpiàn .
我上午吃了止疼片。
I took a pain-killer this morning.

Yào méiyǒu jiànxiào .
药没有见效。
The medicine doesn't work.

⑤ Wǒ késou .
我咳嗽。 I have a cough.

🔊 Zhè zhǐshì qīngwēi gǎnmào .
这只是轻微感冒。
It is only a slight cold.

🔊 Chī diǎn yào jiù hǎo le .
吃点药就好了。
I will be fine after taking some medicine.

⑥ Wǒ hóulong tòng .
我喉咙痛。 **I have a sore throat.**

🔊 Zuótiān wǒ chīle hěn duō làjiāo .
昨天我吃了很多辣椒。
I ate a lot of spicy peppers yesterday.

🔊 Xiànzài wǒ hái gǎnjué làlà de .
现在我还感觉辣辣的。
I still feel hot now.

⑦ Wǒ méiyǒu shíyù .
我没有食欲。 I have no appetite.

🔊 Shēngbìng de shíhou wǒ jiù bù xiǎng chī fàn .
生病的时候我就不想吃饭。
I don't want to eat when I am sick.

🔊 Yào chī diǎn kāiwèi shípǐn .
要吃点开胃食品。
I will want some appetizers.

⑧ Wǒ wèi tòng .
我胃痛。 I have a stomach ache.

🔊 Zhè liǎng tiān yǐnshí bú zhèngcháng .
这两天饮食不正常。
I didn't eat properly these two days.

🔊 Lěngyǐn chī de tài duō le .
冷饮吃得太多了。
I have had too many cold drinks.

⑨ Wǒ juéde bù shūfu .
我觉得不舒服。 I feel sick.

Wǒ gānggāng dǎwán zhēn .
我刚刚打完针。
I have just had an injection.

Kěnéng shì yàowù fǎnyìng .
可能是药物反应。
Maybe it is a reaction to the drugs.

⑩ Wǒ juéde tóu yūn .
我觉得头晕。 I feel dizzy.

Wǒ gānggāng chīle gǎnmàoyào .
我刚刚吃了感冒药。
I just have taken cold medicine.

Zhè yào kěnéng yǒu fùzuòyòng .
这药可能有副作用。
This medicine may have side effects.

⑪ Wǒ liáng tǐwēn .
我量体温。 I take my temperature.

Wǒ bǎ tǐwēnjì fàng zài yè xià .
我把体温计放在腋下。
I put the thermometer under my arm.

Dàyuē xūyào cè wǔ fēnzhōng .
大约需要测5分钟。
It takes about five minutes to get a result.

⑫ Wǒ ná yào .
我拿药。 I take some medicine.

Yīshēng kāile liǎng gè chǔfāng .
医生开了两个处方。
The doctor writes me two prescriptions.

Wǒ zài yī lóu de yàofáng qǔ yào .
我在一楼的药房取药。
I get the medicine from the pharmacy on the first floor.

学习目标：

* 掌握家居琐事常用词汇。
* 熟练背诵家居琐事的12个句子，并能运用于日常生活当中。
* 了解中文句型的基本结构。
* 鼓励学生谈论自己常做的家务。

Goals:

* To learn the vocabulary of this chapter.
* To learn and use the 12 sentence structures introduced in this chapter.
* To learn the basic structure of Chinese sentence patterns.
* To encourage students to talk about how they do housework in Chinese.

家居琐事
Household chores

超级单词 SUPER WORDS

居室词汇 Room

  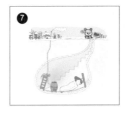 

  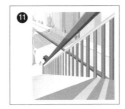 

❶ yángtái 阳台 balcony

❷ wòshì 卧室 bedroom

❸ kètīng 客厅 living room

❹ chúfáng 厨房 kitchen

❺ yùshì 浴室 bathroom

❻ chēkù 车库 garage

❼ dìxiàshì 地下室 basement

❽ zǒuláng 走廊 corridor

❾ dàtīng 大厅 hall

❿ diàntī 电梯 elevator

⓫ lóutī 楼梯 stairs

⓬ yāncōng 烟囱 chimney

● 阳台 [yángtái] **balcony**

Wǒ jiā yǒu liǎng gè yángtái .
我家有两个阳台。
There are two balconies in my house.

● 厨房 [chúfáng] **kitchen**

Wǒ zài chúfáng zuò cài .
我在厨房做菜。
I cook in the kitchen.

● 卧室 [wòshì] **bedroom**

Wǒ de wòshì hěn ānjìng .
我的卧室很安静。
My bedroom is very quiet.

● 浴室 [yùshì] **bathroom**

Wǒ de yùshì hěn dà .
我的浴室很大。
My bathroom is very big.

● 客厅 [kètīng] **living room**

Wǒ zài kètīng kàn diànshì .
我在客厅看电视。
I watch TV in the living room.

● 车库 [chēkù] **garage**

Wǒ qù chēkù xǐ chē .
我去车库洗车。
I wash the car in the garage.

● **地下室** [dìxiàshì] **basement**

Wǒ zài dìxiàshì xiū jiājù .
我在地下室修家具。
I repair the furniture in the basement.

● **电梯** [diàntī] **elevator**

Wǒ zuò diàntī .
我坐电梯。
I take the elevator.

● **走廊** [zǒuláng] **corridor**

Wǒ qù zǒuláng kāi dēng .
我去走廊开灯。
I go to the corridor to turn on the light.

● **楼梯** [lóutī] **stairs**

Wǒ shàng lóutī .
我上楼梯。
I go up the stairs.

● **大厅** [dàtīng] **hall**

Wǒ zài dàtīng děng rén .
我在大厅等人。
I wait for other people in the hall.

● **烟囱** [yāncōng] **chimney**

Wǒ qīngxǐ yāncōng .
我清洗烟囱。
I clean the chimney.

Wǒ sǎo dì .
1 我扫地。   I sweep the floor.

Wǒ tuō dì .
2 我拖地。   I mop the floor.

Wǒ fànghǎo wánjù .
3 我放好玩具。   I put away the toys.

Wǒ pū chuáng .
4 我铺床。   I make the bed.

Wǒ huàn chuángdān .
5 我换床单。   I change the sheets.

Wǒ yòng xīchénqì xī dìtǎn .
6 我用吸尘器吸地毯。   I vacuum the carpet.

Wǒ cā chuānghu .
7 我擦窗户。   I clean the windows.

Wǒ qīngxǐ shuǐcáo .
8 我清洗水槽。   I clean the sink.

Wǒ wèi cǎopíng jiāo shuǐ .
9 我为草坪浇水。   I water the lawn.

Wǒ wèi huāyuán chú cǎo .
10 我为花园除草。   I weed the garden.

Wǒ dào lājī .
11 我倒垃圾。   I take out the garbage.

Wǒ cāqù jiājù shang de huīchén .
12 我擦去家具上的灰尘。   I dust the furniture.

1 我扫地。 I sweep the floor.
Wǒ sǎo dì .

这把扫帚是新买的。
Zhè bǎ sàozhou shì xīn mǎi de .
This broom is newly purchased.

地上的灰尘太多了。
Dì shang de huīchén tài duō le .
There is too much dust on the floor.

2 我拖地。 I mop the floor.
Wǒ tuō dì .

地上很湿。
Dì shang hěn shī .
The floor is wet.

走路要小心。
Zǒu lù yào xiǎoxīn .
Mind your step.

3 我放好玩具。 I put away the toys.
Wǒ fànghǎo wánjù

玩具是给表妹买的。
Wánjù shì gěi biǎomèi mǎi de .
The toys are bought for my cousin.

她还很小。
Tā hái hěn xiǎo .
She is still very young.

4 我铺床 。 I make the bed.
Wǒ pū chuáng .

这张床很大。
Zhè zhāng chuáng hěn dà .
This bed is very big.

床 上还需要一个枕头。
Chuáng shang hái xūyào yí gè zhěntou .
The bed still needs a pillow.

第26章 家居琐事

第26章 家居琐事

Wǒ huàn chuángdān .
⑤ 我换 床 单。 I change the sheets.

Zhōumò jiā li lái kèrén .
🔊 周末家里来客人。
Guests are coming to my house at weekend.

Wǒ yào huàn xīn chuángdān .
🔊 我要 换新 床 单。
I am going to change the bed sheets.

Wǒ yòng xīchénqì xǐ dìtǎn .
⑥ 我用吸尘器吸地毯。 I vacuum the carpet.

Zhè tái xīchénqì hěn xiǎo .
🔊 这台吸尘器很 小。
This vacuum is very small.

Xīchénqì yídòng qǐlái hěn fāngbiàn .
🔊 吸尘器移动起来很 方 便。
It is very easy moving the vacuum.

Wǒ cā chuānghu .
⑦ 我擦窗户。 I clean the windows.

Chuānghu de bōli hěn piàoliang .
🔊 窗 户的玻璃很 漂亮。
The glass of the window is beautiful.

Bōli shì gāng huàn de .
🔊 玻璃是 刚 换的。
The glass has been newly changed.

Wǒ qīngxǐ shuǐcáo .
⑧ 我清洗水槽。 I clean the sink.

Shuǐcáo shang yǒu hěn duō yóu .
🔊 水槽 上 有很多油。
There is a lot of oil in the sink.

Yào yòng zhuānyòng xǐjiéjīng .
🔊 要用 专 用洗洁精。
I should use a special detergent.

9 Wǒ wèi cǎopíng jiāo shuǐ .
我为草坪浇水。 I water the lawn.

Shuǐlóngtóu de shuǐ hěn dà .
水龙头的水很大。
There is too much water running from the tap.

Shuǐ shì cóng chúfáng jiē chūlái de .
水是从厨房接出来的。
The water comes from the kitchen.

10 Wǒ wèi huāyuán chú cǎo .
我为花园除草。 I weed the garden.

Chúcǎojī fàng zài chēkù li .
除草机放在车库里。
The lawnmower is kept in the garage.

Wǒ chā shàng diànyuán .
我插上电源。
I plug it in to the power outlet.

11 Wǒ dào lājī .
我倒垃圾。 I take out the garbage.

Mén qián yǒu yí gè dà lājītǒng .
门前有一个大垃圾桶。
There is a big trash bin in front of the door.

Měi tiān dōu yǒu qīngjiégōng qīnglǐ .
每天都有清洁工清理。
The cleaners come and empty it everyday.

12 Wǒ cāqù jiājù shang de huīchén .
我擦去家具上的灰尘。 I dust the furniture.

Zhè jiān fángzi hěn jiǔ méiyǒu rén zhùguo .
这间房子很久没有人住过。
This house has been uninhabited for a long time.

Jiājù dōu jiù le .
家具都旧了。
The furniture is old.

学习目标：

* 掌握飞机篇常用词汇。

* 熟练背诵飞机篇的**12**个句子，并能运用于日常生活当中。

* 了解中文句型的基本结构。

* 鼓励学生谈论自己坐飞机的过程。

Goals:

* To learn the vocabulary of this chapter.

* To learn and use the 12 sentence structures introduced in this chapter.

* To learn the basic structure of Chinese sentence patterns.

* To encourage students to talk about their experiences of traveling by plane in Chinese.

飞机篇
On the airplane

飞机篇
On the airplane

超级单词 SUPER WORDS

机场词汇 Airport

 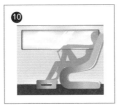  

① jīpiào 机票 air ticket

② xíngli 行李 baggage

③ chéngkè 乘客 passenger

④ dēngjīpái 登机牌 boarding pass

⑤ dēngjīkǒu 登机口 boarding gate

⑥ hǎiguān 海关 customs

⑦ fēixíngyuán 飞行员 pilot

⑧ zuòwèi 座位 seat

⑨ ānquándài 安全带 seat belt

⑩ chuānghu 窗户 window

⑪ chūkǒu 出口 exit

⑫ xǐshǒujiān 洗手间 toilet

第27章 飞机篇

● 机票 [jīpiào] *air ticket*

Wǒ mǎi jīpiào
我买机票。
I buy air tickets.

● 登机牌 [dēngjīpái]
boarding pass

Wǒ bànlǐ dēngjīpái
我办理登机牌。
I go to get the boarding pass.

● 行李 [xíngli] **baggage**

Wǒ tuōyùn xíngli
我托运行李。
I check in the baggage.

● 登机口 [dēngjīkǒu]
boarding gate

Wǒ zài dēngjīkǒu děnghòu
我在登机口等候。
I wait at the boarding gate.

● 乘客 [chéngkè] **passenger**

Wǒ kàndào hěn duō chéngkè
我看到很多乘客。
I see a lot of passengers.

● 海关 [hǎiguān] **custom**

Wǒ tōngguò hǎiguān
我通过海关。
I get through customs.

● 飞行员 [fēixíngyuán] **pilot**

Wǒ xiǎng chéngwéi yì míng fēixíngyuán .
我想 成为一名飞行员。
I want to be a pilot.

● 窗户 [chuānghu] window

Wǒ de zuòwèi kàojìn chuānghu .
我的座位靠近窗户。
My seat is near the window.

● 座位 [zuòwèi] seat

Wǒ de zuòwèi kàojìn guòdào .
我的座位靠近过道。
My seat is near the aisle.

● 出口 [chūkǒu] exit

Wǒ kàndào jǐnjí chūkǒu .
我看到紧急出口。
I see the emergency exit.

● 安全带 [ānquándài] **seat belt**

Wǒ shǐyòng ānquándài .
我使用安全带。
I use the seat belt.

● 洗手间 [xǐshǒujiān] toilet

Wǒ qù xǐshǒujiān .
我去洗手间。
I go to the toilet.

Wǒ lǐngqǔ dēngjīpái .
1 我领取登机牌。 I get my boarding pass.

Wǒ jiǎnchá xingli .
2 我检查行李。 I check my baggage.

Wǒ shàng fēijī .
3 我上飞机。 I board the plane.

Wǒ zhǎodào zuòwèi .
4 我找到座位。 I find my seat.

Wǒ fàng xingli .
5 我放行李。 I store my luggage.

Wǒ jìjǐn ānquándài .
6 我系紧安全带。 I fasten my seat belt.

Wǒ yuèdú yìngjíkǎ .
7 我阅读应急卡。 I read the emergency card.

Wǒ qǐfēi .
8 我起飞。 I take off.

Wǒ yào yì tiáo máojīn .
9 我要一条毛巾。 I ask for a towel.

Wǒ jiàngluò .
10 我降落。 I land.

Wǒ jiěkāi ānquándài .
11 我解开安全带。 I undo my seat belt.

Wǒ lǐngqǔ xíngli .
12 我领取行李。 I claim my baggage.

220

1 Wǒ lǐngqǔ dēngjīpái
我领取登机牌。 I get my boarding pass.

Wǒ de jīpiào shì diànzǐpiào .
我的机票是电子票。
My ticket is an e-ticket.

Dēngjīpái yào dàohángkōng gōngsī guìtái bànlǐ .
登机牌要到航空公司柜台办理。
My boarding pass is taken at the airline counter.

2 Wǒ jiǎnchá xíngli
我检查行李。 I check my baggage.

Xíngli chāozhòng le .
行李超重了。
My baggage is overweight.

Wǒ xūyào tuōyùn .
我需要托运。
I need to check my baggage in.

3 Wǒ shàng fēijī
我上飞机。 I board the plane.

Dēngjīmén shì zài èrshíyī hào .
登机门是在21号。
The boarding gate is Gate 21.

Yào tíqián sānshí fēnzhōng dēng jī .
要提前30分钟登机。
I should board 30 minutes before departure.

4 Wǒ zhǎodào zuòwèi
我找到座位。 I find my seat.

Wǒ de zuòwèi shì kào chuāng de .
我的座位是靠窗的。
My seat is a window seat.

Cāngwèi zài shāngwùcāng .
舱位在商务舱。
The cabin is business class.

第27章 飞机篇

221

⑤ Wǒ fàng xíngli.
我放行李。 I store my luggage.

Xínglijià hěn gāo.
行李架很高。
The luggage rack is very high.

Wǒ zhǎo chéngwùyuán bāngmáng.
我找 乘务员 帮忙。
I ask the flight attendant for help.

⑥ Wǒ jìjǐn ānquándài.
我系紧安全带。 I fasten my seat belt.

Fēijī zhǔnbèi qǐfēi le.
飞机准备起飞了。
The airplane is ready to take off.

Ānquándài zài zuòwèi cèmiàn.
安全带在座位侧面。
The seat belt is on the side of the seat.

⑦ Wǒ yuèdú yìngjíkǎ.
我阅读应急卡。 I read the emergency card.

Fēijī shang yǒu jǐnjí chūkǒu.
飞机 上 有紧急出口。
There are emergency exits on the airplane.

Zuòwèi xià yǒu jiùshēngyī.
座位下有救生衣。
There are life vests under the seat.

⑧ Wǒ qǐfēi.
我起飞。 I take off.

Fēijī qǐfēi qián yào guānbì shǒujī.
飞机起飞前要关闭手机。
Cell phones should be turned off before the airplane takes off.

Shǒujī xìnhào huì yǐngxiǎng dǎoháng xìtǒng.
手机信号会影响导航系统。
Cell phone signals can interfere with the navigational system.

⑨ Wǒ yào yì tiáo máojīn.
我要一条毛巾。I ask for a towel.

Fēijī shang gōngyìng wǔcān.
飞机上 供应午餐。
Lunch is served on the airplane.

Cānchē shang yǒu yǐnliào hé kuàngquánshuǐ.
餐车 上 有饮料和矿泉水。
There are drinks and mineral water on the dining cart.

⑩ Wǒ jiàngluò.
我降落。I land.

Jiàngluò qián yào zhùyì ānquán.
降落 前要注意安全。
Be careful before landing.

Shōu hǎo zuòwèi qián de xiǎo zhuōbǎn.
收好座位前的小 桌板。
Stow the tray table in front of your seat.

⑪ Wǒ jiěkāi ānquándài.
我解开安全带。I undo my seat belt.

Ànxià ānquándài shang de hóngsè ànniǔ.
按下安全带上 的红色按钮。
Push the red button on the seat belt.

Ānquándài yǐjīng jiěkāi le.
安全带已经解开了。
The seat belt can then be unfastened.

⑫ Wǒ lǐngqǔ xíngli.
我领取行李。I claim my baggage.

Zhuànpán shang yǒu hěn duō xíngli.
转盘 上 有很多行李。
There is a lot of baggage on the baggage carousel.

Búyào nácuò le.
不要拿错了。
Do not pick up the wrong one.

学习目标：
* 掌握旅馆篇常用词汇。
* 熟练背诵旅馆篇的12个句子，并能运用于日常生活当中。
* 了解中文句型的基本结构。
* 鼓励学生谈论自己住旅馆的过程。

Goals:

* To learn the vocabulary of this chapter.
* To learn and use the 12 sentence structures introduced in this chapter.
* To learn the basic structure of Chinese sentence patterns.
* To encourage students to talk about their experiences of checking into hotels in Chinese.

旅馆篇
At the hotel

旅馆篇
At the hotel

超级单词 SUPER WORDS

天气词汇 Weather

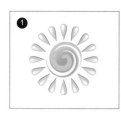   

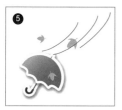   

❶ 晴朗 qínglǎng sunny

❷ 云 yún cloud

❸ 雨 yǔ rain

❹ 雾 wù fog

❺ 风 fēng wind

❻ 雪 xuě snow

❼ 热 rè hot

❽ 冷 lěng cold

❾ 潮湿 cháoshī humid

❿ 暖和 nuǎnhuo warm

⓫ 闪电 shǎndiàn lightning

⓬ 雷 léi thunder

● **晴朗** [qínglǎng] **sunny**

Wǒ xǐhuan qínglǎng de tiānqì .
我喜欢晴朗的天气。
I like sunny days.

● **雾** [wù] **fog**

Wǒ bìmiǎn zài yǒu wù de tiānqì kāi chē .
我避免在有雾的天气开车。
I avoid driving in the fog.

● **云** [yún] **cloud**

Wǒ wàngzhe tiānshang de yún .
我望着天上的云。
I look at the clouds in the sky.

● **风** [fēng] **wind**

Wǒ gǎnjué fēng hěn dà .
我感觉风很大。
I feel the wind is strong.

● **雨** [yǔ] **rain**

Wǒ bèi yǔ línshī le .
我被雨淋湿了。
I am damp from the rain.

● **雪** [xuě] **snow**

Wǒ bù xǐhuan xià xuě de tiānqì .
我不喜欢下雪的天气。
I don't like snowy days.

● 热 [rè] **hot**

Wǒ gǎnjué hěn rè .
我感觉很热。
I feel very hot.

● 暖和 [nuǎnhuo] **warm**

Wǒ gǎnjué tiānqì hěn nuǎnhuo .
我感觉天气很暖和。
I feel the weather is very warm.

● 冷 [lěng] **cold**

Wǒ gǎnjué hěn lěng .
我感觉很冷。
I feel so cold.

● 闪电 [shǎndiàn] **lightning**

Wǒ kànjiàn shǎndiàn .
我看见闪电。
I see the lightning.

● 潮湿 [cháoshī] **humid**

Wǒ shuì zài cháoshī de chuáng shang .
我睡在潮湿的床上。
I sleep on a humid bed.

● 雷 [léi] **thunder**

Wǒ tīngdào léishēng .
我听到雷声。
I hear the thunder.

1 Wǒ yùdìng fángjiān.
我预订房间。 — I make a reservation.

2 Wǒ zǒujìn dàtáng.
我走进大堂。 — I enter the lobby.

3 Wǒ rùzhù dēngjì.
我入住登记。 — I check in.

4 Wǒ nádào fángjiān yàoshi.
我拿到房间钥匙。 — I get the room key.

5 Wǒ chéng diàntī shàng lóu.
我乘电梯上楼。 — I go up in an elevator.

6 Wǒ kàn fángjiān.
我看房间。 — I see the room.

7 Wǒ dǎkāi xíngli.
我打开行李。 — I open my luggage.

8 Wǒ dǎkāi diànshìjī.
我打开电视机。 — I turn on the TV.

9 Wǒ yāoqiú kèfáng fúwù.
我要求客房服务。 — I ask for a room service.

10 Wǒ wàichū.
我外出。 — I go out.

11 Wǒ chéng diàntī xià lóu.
我乘电梯下楼。 — I go down in an elevator.

12 Wǒ jiézhàng.
我结账。 — I check out.

1 Wǒ yùdìng fángjiān.
我预订房间。 I make a reservation.

Zuìjìn jiǔdiàn fángjiān jǐnzhāng.
最近酒店房间紧张。
The hotel rooms have been fully booked recently.

Kèrén yào yòng xìnyòngkǎ yùdìng.
客人要用信用卡预订。
The guests need to use a credit card for booking.

2 Wǒ zǒujìn dàtáng.
我走进大堂。 I enter the lobby.

Zhè shì yì jiān wǔxīngjí de jiǔdiàn.
这是一间五星级的酒店。
This is a five-star hotel.

Dàtáng zhuāngxiū háohuá.
大堂装修豪华。
The hall is decorated luxuriously.

3 Wǒ rùzhù dēngjì.
我入住登记。 I check in.

Fúwùyuán yāoqiú wǒ chūshì shēnfènzhèng.
服务员要求我出示身份证。
I am asked by the staff to show my ID card.

Wǒ yào tiánxiě jiǔdiàn dēngjìkǎ.
我要填写酒店登记卡。
I fill in the check-in form of the hotel.

4 Wǒ nádào fángjiān yàoshi.
我拿到房间钥匙。 I get the room key.

Wǒ de fángjiān zài shí'èr lóu.
我的房间在12楼。
My room is located on the 12th floor.

Fángjiān kàojìn diàntī.
房间靠近电梯。
The room is near an elevator.

第28章 旅馆篇

229

5 Wǒ chéng diàntī shàng lóu.
我乘电梯上楼。I go up in an elevator.

Zhè jiā jiǔdiàn de shèshī hěn hǎo.
这家酒店的设施很好。
The facilities in this hotel are good.

Tāmen de fúwù yě búcuò.
他们的服务也不错。
Their service is also good.

6 Wǒ kàn fángjiān.
我看房间。I see the room.

Zhè shì jiǔdiàn de biāozhǔnjiān.
这是酒店的标准间。
This is a standard room at this hotel.

Fángjiān li yǒu liǎng zhāng chuáng.
房间里有两张床。
There are two beds in this room.

7 Wǒ dǎkāi xíngli.
我打开行李。I open my luggage.

Wǒ dàile yí gè dà xiāngzi.
我带了一个大箱子。
I bring along a big case.

Xiāngzi lǐmiàn yǒu hěn duō yīfu.
箱子里面有很多衣服。
There are a lot of clothes in the case.

8 Wǒ dǎkāi diànshìjī.
我打开电视机。I turn on the TV.

Diànshìjī shì kě yáokòng de.
电视机是可遥控的。
The TV uses a remote control.

Yáokòngqì zài chuángtóuguì shang.
遥控器在床头柜上。
The remote control is on the bedside cabinet.

9 我要求客房服务。 I ask for a room service.
Wǒ yāoqiú kèfáng fúwù .

我想上网。
Wǒ xiǎng shàng wǎng .
I want to surf the Internet.

但是这个房间没有电脑。
Dànshì zhège fángjiān méiyǒu diànnǎo .
But there is no computer in this room.

10 我外出。 I go out.
Wǒ wàichū .

我想出去转转。
Wǒ xiǎng chūqù zhuànzhuan .
I want to go around.

听说酒店附近有一个海滩。
Tīngshuō jiǔdiàn fùjìn yǒu yí gè hǎitān .
I hear that there is a beach nearby.

11 我乘电梯下楼。 I go down in an elevator.
Wǒ chéng diàntī xià lóu .

商务中心在二楼。
Shāngwù zhōngxīn zài èr lóu .
The business center is located on the 2nd floor.

有两部直达电梯。
Yǒu liǎng bù zhídá diàntī .
There are two express elevators.

12 我结账。 I check out.
Wǒ jiézhàng .

餐厅是在晚上10点关门。
Cāntīng shì zài wǎnshang shí diǎn guān mén .
The restaurant will close at 10 pm.

我把账单记在房卡上。
Wǒ bǎ zhàngdān jì zài fángkǎ shang .
I charge the bill to my room.

学习目标：

* 掌握影院篇常用词汇。
* 熟练背诵影院篇的**12**个句子，并能运用于日常生活当中。
* 了解中文句型的基本结构。
* 鼓励学生谈论自己最喜欢的电影。

Goals:

* To learn the vocabulary of this chapter.
* To learn and use the 12 sentence structures introduced in this chapter.
* To learn the basic structure of Chinese sentence patterns.
* To encourage students to talk about their favorite movies in Chinese.

影院篇
At the cinema

第29章　影院篇
At the cinema

超级单词 SUPER WORDS

社区词汇 Community

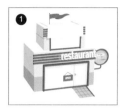  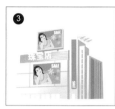 

kuàicāndiàn
1 快餐店 fast food restaurant

fúzhuāngdiàn
2 服装店 clothing store

zhūbǎodiàn
3 珠宝店 jeweler's shop

shūdiàn
4 书店 book store

měiróngyuàn
5 美容院 beauty salon

xiédiàn
6 鞋店 shoe store

jiājùdiàn
7 家具店 furniture store

huādiàn
8 花店 florist

chǒngwùdiàn
9 宠物店 pet shop

lǐfàdiàn
10 理发店 hair salon

wánjùdiàn
11 玩具店 toy store

yàodiàn
12 药店 pharmacy

第29章 影院篇

● 快餐店 [kuàicāndiàn]
fast food restaurant

Wǒ qù kuàicāndiàn chī wǔcān
我去快餐店吃午餐。
I go to a fast food restaurant to have lunch.

● 书店 [shūdiàn] **book store**

Wǒ qù shūdiàn mǎi shū .
我去书店买书。
I go to buy books in a book store.

● 服装店 [fúzhuāngdiàn]
clothing store

Wǒ qù fúzhuāngdiàn mǎi yīfu .
我去服装店买衣服。
I go to buy clothes in a clothing store.

● 美容院 [měiróngyuàn]
beauty salon

Wǒ qù měiróngyuàn huàzhuāng .
我去美容院化妆。
I put on makeup in a beauty salon.

● 珠宝店 [zhūbǎodiàn]
jeweler's shop

Wǒ qù zhūbǎodiàn mǎi xiàngliàn .
我去珠宝店买项链。
I go to buy a necklace in a jeweler's shop.

● 鞋店 [xiédiàn] **shoe store**

Wǒ qù xiédiàn mǎi xié .
我去鞋店买鞋。
I go to buy shoes in a shoe store.

● 家具店 [jiājùdiàn] **furniture store**

Wǒ qù jiājùdiàn xuǎn jiājù .
我去家具店选家具。
I choose furniture in a furniture store.

● 理发店 [lǐfàdiàn] **hair salon**

Wǒ qù lǐfàdiàn tàng fà .
我去理发店烫发。
I go to a hair salon to have a perm.

● 花店 [huādiàn] **florist**

Wǒ qù huādiàn mǎi huā .
我去花店买花。
I buy flowers at the florist.

● 玩具店 [wánjùdiàn] **toy store**

Wǒ qù wánjùdiàn mǎi wánjù .
我去玩具店买玩具。
I go to a toy store to buy toys.

● 宠物店 [chǒngwùdiàn] **pet shop**

Wǒ qù chǒngwùdiàn gěi xiǎogǒu tǐjiǎn .
我去宠物店给小狗体检。
I go to the pet shop to have the dog checked up.

● 药店 [yàodiàn] **pharmacy**

Wǒ qù yàodiàn mǎi yào .
我去药店买药。
I go to a pharmacy to buy medicines.

Wǒ qù diànyǐngyuàn .
1 我去电影院。 — I go to the cinema.

Wǒ mǎi piào .
2 我买票。 — I buy a ticket.

Wǒ jìn jùchǎng .
3 我进剧场。 — I go into the theater.

Wǒ zhǎo zuòwèi .
4 我找座位。 — I look for a seat.

Wǒ xīnshǎng yǐngpiàn .
5 我欣赏影片。 — I watch the movie.

Wǒ xiào le .
6 我笑了。 — I smile.

Wǒ pāi shǒu .
7 我拍手。 — I clap my hands.

Wǒ wèi yīngxióng jiāyóu .
8 我为英雄加油。 — I cheer for the hero.

Wǒ bèi gǎndòng le .
9 我被感动了。 — I am moved.

Wǒ liú lèi le .
10 我流泪了。 — I am in tears.

Wǒ cā yǎnjing .
11 我擦眼睛。 — I wipe my eyes.

Wǒ qǐshēn líkāi .
12 我起身离开。 — I get up and leave.

❶ Wǒ qù diànyǐngyuàn.
我去电影院。 I go to the cinema.

Jīntiān shì " Yīzǐ Fāngxiāng Xiǎojiě " shǒuyìng.
今天是《依子芳香小姐》首映。
Miss Aroma Yizi will premiere today.

Zhè shì yí bù dònghuà diànyǐng.
这是一部动画电影。
This is an animation film.

❷ Wǒ mǎi piào.
我买票。 I buy a ticket.

Mài piào de chuāngkǒu zài èr lóu.
卖票的窗口在二楼。
The ticket window is on the 2nd floor.

Piào dōu kuài màiwán le.
票都快卖完了。
The tickets are all sold out.

❸ Wǒ jìn jùchǎng.
我进剧场。 I go into the theater.

Diànyǐng yǐjīng kuài kāishǐ le.
电影已经快开始了。
The film is going to begin.

Kàn diànyǐng de rén hěn duō.
看电影的人很多。
There are a lot of people watching the film.

❹ Wǒ zhǎo zuòwèi.
我找座位。 I look for a seat.

Wǒ shì zài shíwǔ pái shí'èr hào.
我是在15排12号。
My seat is seat No.12, in the 15th row.

Nàge zuòwèi shì kào zǒuláng de.
那个座位是靠走廊的。
That seat is near the aisle.

第29章 影院篇

Wǒ xīnshǎng yǐngpiàn.
❺ 我欣赏影片。 I watch the movie.

Yǐngyuàn shì huánràojùchǎng.
影院是环绕剧场。
This is a surround sound movie theater.

Yīnxiǎng xiàoguǒ hěn hǎo.
音响效果很好。
The sound effects are very good.

Wǒ xiào le.
❻ 我笑了。 I smile.

Zhè bù yǐngpiàn hěn yōumò.
这部影片很幽默。
This movie is very funny.

Jù zhōng de táicí hěn jīngdiǎn.
剧中的台词很经典。
The actor's lines are quite classic.

Wǒ pāi shǒu.
❼ 我拍手。 I clap my hands.

Zuìhòu de jiéjú tài jīngcǎi le
最后的结局太精彩了。
The ending is amazing.

Hěn duō rén gǔzhǎng.
很多人鼓掌。
Many people applaud.

Wǒ wèi yīngxióng jiāyóu.
❽ 我为英雄加油。 I cheer for the hero.

Nǚ zhǔréngōng zuìzhōng dàodále mùdìdì.
女主人公最终到达了目的地。
The heroine finally reached her destination.

Tā jiějiùle rénzhì.
她解救了人质。
She saved the hostages.

9 Wǒ bèi gǎndòng le .
我被感动了。 I am moved.

Zhěnggè diànyǐng chōngmǎnle gǎn'ēn hé guān'ài .
整个 电影 充满了 感恩和关爱。
The movie is full of gratitude and love.

Diànyǐng li yǒu hěn duō xīyǐn rén de qíngjǐng .
电影里有很多吸引人的情景。
There are a lot of attractive scenes in this movie.

10 Wǒ liú lèi le .
我流泪了。 I am in tears.

Wǒ bú zìjué de liú lèi le .
我不自觉地流泪了。
I shed tears unconsciously.

Hěn jiǔ méiyǒu kàn diànyǐng liú lèi le .
很久没有看电影流泪了。
I haven't shed tears while watching a movie for a long time.

11 Wǒ cā yǎnjing .
我擦眼睛。 I wipe my eyes.

Wǒ de yǎnjing shīshī de .
我的眼睛湿湿的。
My eyes are wet.

Bié bèi rén kànjiàn .
别被人看见。
I don't want to be noticed by others.

12 Wǒ qǐshēn líkāi .
我起身离开。 I get up and leave.

Diànyǐng sànchǎng shí rén tài duō .
电影 散场 时人太多。
There are too many people here when the movie finishes.

Wǒ cóng cèmén líkāi .
我从侧门离开。
I leave from the side door.

学习目标：

* 掌握烹饪篇常用词汇。
* 熟练背诵烹饪篇的12个句子，并能运用于日常生活当中。
* 了解中文句型的基本结构。
* 鼓励学生进行烹饪实战，让学生在生活中学习语言。

Goals:

* To learn the vocabulary of this chapter.
* To learn and use the 12 sentence structures introduced in this chapter.
* To learn the basic structure of Chinese sentence patterns.
* To encourage students to practice their Chinese when they cook.

烹饪篇
Cooking

超级单词 SUPER WORDS

烹饪词汇 Cooking

① yóu 油 oil

② yán 盐 salt

③ jiàngyóu 酱油 soy sauce

④ cù 醋 vinegar

⑤ táng 糖 sugar

⑥ suàn 蒜 garlic

⑦ cōng 葱 scallion

⑧ bīngxiāng 冰箱 refrigerator

⑨ wēibōlú 微波炉 microwave

⑩ kǎolú 烤炉 oven

⑪ ránqìzào 燃气灶 gas stove

⑫ diànfànguō 电饭锅 electric cooker

● 油 [yóu] oil

Wǒ dào yóu .
我倒油。
I pour in the oil.

● 醋 [cù] vinegar

Wǒ xǐhuan cù de wèidào .
我喜欢醋的味道。
I like the flavor of vinegar.

● 盐 [yán] salt

Wǒ duō fàng yìdiǎn yán .
我多放一点盐。
I add a lot more salt.

● 糖 [táng] sugar

Wǒ zài kāfēi li jiā táng .
我在咖啡里加糖。
I add sugar to the coffee.

● 酱油 [jiàngyóu] soy sauce

Wǒ jiā jiàngyóu .
我加酱油。
I add soy source.

● 蒜 [suàn] garlic

Wǒ bǎ suàn qiēsuì .
我把蒜切碎。
I chop the garlic.

● 葱 [cōng] **scallion**

Wǒ mǎile hěn duō cōng.
我买了很多葱。
I bought a lot of scallions.

● 烤炉 [kǎolú] **oven**

Wǒ bǎ miànbāo fàngjìn kǎolú.
我把面包放进烤炉。
I put the bread in the oven.

● 冰箱 [bīngxiāng] **refrigerator**

Wǒ dǎkāi bīngxiāng.
我打开冰箱。
I open the refrigerator.

● 燃气灶 [ránqìzào] **gas stove**

Wǒ guāndiào ránqìzào.
我关掉燃气灶。
I turn off the gas stove.

● 微波炉 [wēibōlú] **microwave**

Wǒ yòng wēibōlú jiārè niúnǎi.
我用微波炉加热牛奶。
I use the microwave to heat the milk.

● 电饭锅 [diànfànguō]
electric cooker

Wǒ yòng diànfànguō zhǔ fàn.
我用电饭锅煮饭。
I use an electric cooker to cook rice.

第30章 烹饪篇

	Wǒ bǎ guō fàng zài lúzi shang.	
1	我把锅放在炉子上。	I put a pan on the stove.

	Wǒ dǎkāi huǒlú.	
2	我打开火炉。	I turn on the stove.

	Wǒ dào yóu.	
3	我倒油。	I pour the oil.

	Wǒ bǎ yóu jiārè.	
4	我把油加热。	I heat the oil.

	Wǒ bǎ lúhuǒ kāidà.	
5	我把炉火开大。	I turn up the flame.

	Wǒ bǎ lúhuǒ guānxiǎo.	
6	我把炉火关小。	I turn down the flame.

	Wǒ guāndiào huǒlú.	
7	我关掉火炉。	I turn off the stove.

	Wǒ shōushi cānzhuō.	
8	我收拾餐桌。	I clear the table.

	Wǒ cā zhuōzi.	
9	我擦桌子。	I wipe the table.

	Wǒ bǎihǎo cānjù.	
10	我摆好餐具。	I set the table.

	Wǒ xǐ diézi.	
11	我洗碟子。	I clean the dishes.

	Wǒ cāgān diézi.	
12	我擦干碟子。	I dry the dishes.

第30章 烹饪篇

1 Wǒ bǎ guō fàng zài lúzi shang.
我把锅放在炉子上。 I put a pan on the stove.

Cónglái méiyǒu zuòguo cài.
从来没有做过菜。
I have never cooked before.

Wǒ yǒudiǎn jǐnzhāng.
我有点紧张。
I am a little nervous.

2 Wǒ dǎkāi huǒlú.
我打开火炉。 I turn on the stove.

Ránqìzào shì quánzìdòng de.
燃气灶是全自动的。
The stove is fully automatic.

Xuánzhuǎn zhège ànniǔ jiù dǎkāi le.
旋转这个按钮就打开了。
Turn this knob to start the stove.

3 Wǒ dào yóu.
我倒油。 I pour the oil.

Wǒ yòng de shì huāshēngyóu.
我用的是花生油。
I use peanut oil.

Dàjiā dōu ài chī.
大家都爱吃。
Everybody loves it.

4 Wǒ bǎ yóu jiārè.
我把油加热。 I heat the oil.

Wǒ zuò de shì yóuzháyú.
我做的是油炸鱼。
I am making fried fish.

Yǐjīng wéndào xiāngwèi le.
已经闻到香味了。
I have already smelled the aroma of the fish.

⑤ Wǒ bǎ lúhuǒ kāidà .
我把炉火开大。I turn up the flame.

🔊 Zhè tiáo yú hěn dà .
这条鱼很大。
This fish is very big.

🔊 Wǒ yào fàng hěn duō yóu lái jiān .
我要放很多油来煎。
I need to use a lot of oil to fry it.

⑥ Wǒ bǎ lúhuǒ guān xiǎo .
我把炉火关小。I turn down the flame.

🔊 Mǎshàng jiù kuài jiānhǎo le .
马上就快煎好了。
It will be done soon.

🔊 Búyào shāo jiāo le .
不要烧焦了。
Don't burn it.

⑦ Wǒ guāndiào huǒlú .
我关掉火炉。I turn off the stove.

🔊 Wǒ bǎ cài cóng guō li chéng chūlái .
我把菜从锅里盛出来。
I take the food from the pan.

🔊 Cài de wèidào hěn xiāng .
菜的味道很香。
The food smells nice.

⑧ Wǒ shōushi cānzhuō .
我收拾餐桌。I clear the table.

🔊 Jīntiān de kèrén hěn duō .
今天的客人很多。
There are a lot of guests today.

🔊 Wǒ yào huàn yí gè dà yuánzhuō .
我要换一个大圆桌。
I need to change to one of the big round tables.

第30章 烹饪篇

9 Wǒ cā zhuōzi .
我擦桌子。 I wipe the table.

Wǒ xià cì yàoyòng yícìxìng de zhuōbù .
我下次要用一次性的桌布。
I will use a disposable table cloth next time.

Fāngbiàn yòu wèishēng .
方便又卫生。
It is convenient and hygienic.

10 Wǒ bǎihǎo cānjù .
我摆好餐具。 I set the table.

Měi gè rén de zuòwèi qián fàng yí tào cānjù .
每个人的座位前 放一套餐具。
A tableware setting has been laid in front of each seat.

Cānjù bāokuò kuàizi . sháozi háiyǒu wǎn .
餐具包括筷子、勺子还有碗。
The tableware includes chopsticks, a spoon and a bowl.

11 Wǒ xǐ diézi .
我洗碟子。 I clean the dishes.

Diézi shì zhuāng cài de .
碟子是 装 菜的。
The plates are to be filled with food.

Diézi shang yǒu hěn duō yóu , bù róngyì xǐ gānjìng .
碟子 上 有很多油，不容易洗干净。
There is a lot of oil on the dishes that will not
easily be cleaned away.

12 Wǒ cāgān diézi .
我擦干碟子。 I dry the dishes.

Diézi cāgān hòu cáinéng fàngjìn xiāodúguì .
碟子擦干后才能 放进消毒柜。
The plates can be put in the disinfecting cabinet
after they are dried.

Xiāodúguì zài bīngxiāng de pángbiān .
消毒柜在冰 箱的旁边。
The disinfecting cabinet is near the refrigerator.

《语感中文》主题曲 《语感方舟》

NEWABC ARK
——NEWABC CHINESE THEME SONG

词曲：王薇茜　　演唱：欧美联合留学生创业园《语感外语》艺术团　　导唱：王薇茜

（女）　语感方舟，一片轻帆，慢慢飘来。伴随依子百花香，传遍四海。
　　　　巴比塔上，神奇故事，让地球增添了语感的家园。

（童）　五湖四海，百花飘香，依子的芬芳，一路上我们走过，语感的隧道。
　　　　挪亚方舟，穿越四海，让世界增添了和谐的家园。

（合）　语感方舟，和谐启航，让我们一起穿越语感时空。语感时空，神奇传说，那是我们语言
　　　　的天堂。语感方舟传四海，语感方舟传四海。

《语感中文》插曲
NEWABC CHINESE SONGS

《依子玫瑰吟》 英语版《语感中文》插曲

词曲：王薇茜　导唱：王薇茜

玫瑰花儿处处香，对镜梳妆彩霞见。

我是玫瑰你是风，比翼双飞天外天。

寻梦玫瑰花之旅，携手相伴人世间。

相逢依子百花舟，畅游西湖香满天。

《依子杜鹃吟》 韩语版《语感中文》插曲

词曲：王薇茜　导唱：王薇茜

风中铃声轻笛，迎来杜鹃花咏。

细诉风儿扮云，林中杜鹃易容。

依子杜鹃花颜，各脉相争取宠。

悠悠清泉流水，层映杜鹃花红。

《依子茉莉吟》 泰语版《语感中文》插曲

词曲：王薇茜　导唱：王薇茜

明月星云天边依，茉莉花儿轻风飘。

人说花茶甲天下，谷中百花丛中娇。

相约依子百花舟，举杯把茶万里邀。

遥望茉莉花茶园，依子百花船儿摇。

《依子菊花吟》 日语版《语感中文》插曲

词曲：王薇茜　导唱：王薇茜

云来云去，花落花开。

菊花菊叶，同属一脉。

菊花飘送美人归，万朵花儿争艳抬。

依子回眸笑，送来百花开。

《语感中文》插曲
NEWABC CHINESE SONGS

《**依子百合花吟**》 法语版《语感中文》插曲

词曲：王薇茜　导唱：王薇茜

百合花儿飘，喜迎佳人切。

轻轻杨柳枝，送君百合叶。

婷婷百合送君行，百年好合。

依子百合花相依，相伴喜鹊河。

《**依子郁金香吟**》 德语版《语感中文》插曲

词曲：王薇茜　导唱：王薇茜

窗前明月，百花影中投。

郁金香送，踏歌花儿候。

宁静夜空，离别难回首。

千年祈祷，异国郁金逅。

明月伴我行，百花伴我游。

依子花香送，相约西湖百花舟。

《**依子薰衣草吟**》 葡语版《语感中文》插曲

词曲：王薇茜　导唱：王薇茜

小小薰衣草，片片花香现。

给我一片天，芳香满人间。

洒下一片叶，依子芳香怜。

香妃故地游，情浓风云天。

一片小小薰衣草，每天围绕你身边。

满天依子百花飘，片片花香薰衣见。

《**依子牡丹吟**》 阿语版《语感中文》插曲

词曲：王薇茜　导唱：王薇茜

君临天下，分外娇贵。

姹紫嫣红，牡丹花魁。

牡丹花舞，丛中追。

容颜不老，大地同辉。

依子牡丹花中醉，

青山白云齐相随。

《语感中文》插曲
NEWABC CHINESE SONGS

《依子芙蓉吟》 越南语版《语感中文》插曲

词曲：王薇茜　导唱：王薇茜

出水芙蓉，清香天后，
层层风雨，枝头候。
日出云开，晨光初昼，
清香芙蓉，花满楼。
风雨飘散，依子百花舟，
袅袅青纱，伊人逅。

《依子向日葵吟》 俄语版《语感中文》插曲

词曲：王薇茜　导唱：王薇茜

幽幽谷底花，射雕展英姿。
大波逐浪流，依子谷中笛。
天涯明月光，向日葵花枝。
风雨携手行，花儿紧相依。

《依子康乃馨吟》 西语版《语感中文》插曲

词曲：王薇茜　导唱：王薇茜

花瓣雨儿轻轻迎，慈母爱藏花中影。
朵朵康乃馨相印，点点花伴慈母形。
依子传书思乡景，一束馨香寄深情。
难忘康乃馨相行，依子情传万里亭。

《依子勿忘我吟》 意大利语版《语感中文》插曲

词曲：王薇茜　导唱：王薇茜

送君离别古亭外，依子勿忘时相带。
虽离别后常相忆，万里寻她千百载。
锦书传递花相掰，依子勿忘情相待。
点点勿忘忆深情，再别康桥花相带。

语感中文配套文具
NEW ABC CHINESE STATIONARY

中国56个民族扑克

花样年华高级复印纸

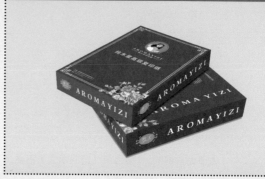

花样年华珍藏版CD

花样年华文具盒

中国56个民族明信片

花样年华笔记本

语感中文毕业证书

姓名：

于 年 月 日完成《语感中文：外国人学中文速成30天》的全部中文C1基础课程，成绩合格，准予毕业，特发此证。

欧美联合留学生创业园语感小镇
NEWABC TOWN

授权机构编号 Newabc Town
电子证书编号 Newabc.com

外国人学中文速成30天

Succeed in Learning Chinese in 30 Days

原著：王薇茜

译制：欧美联合留学生创业园

中国区统筹：惠州市欧美联合留学生创业园

人物监制：王秉彝

造型监制：易　立

中文配音：张　璐　陈　鑫　徐铭伟

音乐统筹：骆启康　王剑青　李剑扬

录音统筹：李　京　宋健榕　王永生

平面统筹：曲良珍　宫　娜　骆晓春

造型统筹：王　一　杨　柳　刘水平

欧美联合留学生创业园《语感中文》译制团队：

英语组：（美）Norman Chan　柯仁昌　吴　迪

日语组：（日）渡边崇史　张国琴　王　凡

韩语组：（韩）Kim Bomi　井　阳　高　蕾

法语组：（法）Irena Yang　杨　颖　孙海馨

德语组：（德）Christina Holze　谢湜月　姜　雪

西语组：（西）Sorrenti Serena　罗人恺　曾　艳

俄语组：（俄）Alexandra Pachez　彭爱霞　唐　婕

阿语组：（阿）Mohamed Khairat　于杰飞　赵　兵

意语组：（意）Xia Wienyi　潘　洋　安婷婷

葡语组：（葡）Marta Leite　陈　璐　李向阳

泰语组：（泰）Jantapong Buranachaiwong　谭　毅　陈　莹

越语组：（越）Phung Thithanhtu　王春连　邓春燕

责任编辑：刘小琳
英文编辑：甄心悦
封面设计：依子动漫花园
印刷监制：汪　洋

图书在版编目（CIP）数据

语感中文：外国人学中文速成30天：英语版/王薇茜原著；欧美联合留学生创业
园译制. —北京：华语教学出版社，2012
ISBN 978-7-80200-837-3

Ⅰ. ①语…　Ⅱ. ①王…　②欧…　Ⅲ.①汉语—对外汉语教学—教材　Ⅳ. ①H195.4

中国版本图书馆 CIP 数据核字（2010）第112220号

语感中文
外国人学中文速成30天(英语版)

王薇茜　原著

*

© 华语教学出版社有限责任公司
华语教学出版社有限责任公司出版
（中国北京百万庄大街24号　　邮政编码　100037）
电话：（86）10-68320585　68997826
传真：（86）10-68997826　68326333
网址：www.sinolingua.com.cn
电子信箱：hyjx@sinolingua.com.cn
北京玺诚印务有限公司印刷
2012年（16开）第1版
2019年第1版第3次印刷
（汉英）
ISBN 978-7-80200-837-3
定价：89.00元